*Les Chemins d'Histoire en Poche*

# GUIDE
## DU SENTIER CATHARE

**RANDO** *éditions*

Nouvelle édition, entièrement revue, corrigée et refondue, en collaboration avec les services techniques du Conseil général de l'Aude et le CDT de l'Aude.
Reconnaissance terrain : Bruno Valcke.
Les photographies sont de Jean-Pierre Siréjol, sauf : Bruno Valcke (41, 55) et Béatrice Chupin (68).

Cartographie : Rando Éditions et Philippe Valentin
Mise en pages : Glénat Production

© 2016 Éditions Glénat / Rando Éditions
Couvent Sainte-Cécile
37, rue Servan
38000 Grenoble
www.rando-editions.com

ISBN 978-2-344-01405-9
Dépôt légal : mars 2016, réimpression février 2018

Toute reproduction, même partielle, des textes, photographies, cartes et graphes interdite sur quelque support que ce soit.

Auteurs et éditeur vous suggèrent des itinéraires. En aucun cas ils ne peuvent être tenus pour responsables d'éventuels accidents ou de modification des conditions de réalisation des parcours décrits dans cet ouvrage (qui dépendent de la forme physique de chacun, des conditions météo, des équipements en plus ou moins bon état, de la signalétique éventuelle…).

Les appellations GR® (balisage blanc et rouge), GRP® (balisage rouge et jaune) et PR® (balisage jaune) sont des marques de la FFRando.

Mireille Barthes,
Dominique Baudreu,
Anne Brenon,
Jean Duvernoy,
Nicolas Gouzy,
Michel Roquebert,
Louis Salavy,
Jean-Pierre Sarret,
Bruno Valcke

## PRÉFACE DE MICHEL ROQUEBERT

Nul ne songerait aujourd'hui à évoquer le Languedoc, son histoire, sa culture, ses hommes, son paysage même, sans avoir présente à l'esprit et au cœur cette page à la fois dramatique et sublime que fut l'aventure cathare. "Aventure", parce qu'un siècle et demi de catharisme occitan, face au destin deux fois millénaire d'un pays et d'un peuple, c'est à tout prendre un épisode parmi tant d'autres, une péripétie vouée à l'oubli, digne, au mieux, de quelques lignes attendries dans ces grands registres de la Mémoire Officielle que sont les livres d'histoire. D'autant que si l'on excepte une poignée de documents écrits la religion cathare n'a laissé d'autres traces visibles que quelques murs de châteaux ruinés éparpillés dans la montagne, du Cabardès aux Corbières et de l'Ariège au Minervois, et sur lesquels ont passé, avec la tramontane et le vent d'autan, des siècles d'indifférence. Mais voici que le souvenir collectif s'accroche à ces pierres meurtries par le temps, comme si, de ces pauvres vestiges, on attendait que monte une secrète Parole : le message des "Parfaits" serait-il donc d'un quelconque secours à l'homme du $XXI^e$ siècle ? Que peut nous apporter leur intransigeante mystique ? Quelle réponse va-t-on chercher entre les quatre murs délabrés de Montségur ?

Le dualisme cathare était inacceptable pour la Catholicité. Que les Cathares ne se soient jamais nommés autrement que Bons Chrétiens qu'ils n'aient jamais étayé leur foi que sur les Écritures, notamment l'Évangile de Jean, ne les a pas empêchés d'être déclarés hérétiques et voués comme tels au bûcher. Ils étaient solidement implantés dans les comtés de Toulouse et de Foix, les vicomtés de Carcassonne, Albi et Béziers. Ils s'étaient organisés en une Église soigneusement gérée et hiérarchisée, avec un clergé de "Parfaits" et de "Parfaites" vivant strictement selon les principes évangéliques, et une masse de fidèles dévoués, mêlés à une population catholique singulièrement tolérante ; aux environs de 1200, ils avaient suffisamment affaibli les positions morales et matérielles de l'Église romaine, pour que la Papauté lançât contre eux une opération d'envergure, la "Croisade albigeoise". La guerre, conduite par Simon de Montfort, par son fils Amaury, puis par le roi Louis VIII, puis par les sénéchaux de saint Louis, s'étendit sur plusieurs générations. Il fallut d'immenses massacres : celui de Béziers, en 1209, fit vingt mille morts, des sièges, des batailles rangées, et les bûchers de l'Inquisition, pour que Rome vînt à bout du catharisme. Mais cela prit plus d'un siècle, tant les Occitans, catholiques compris, s'acharnèrent à défendre, outre leurs terres, le bien commun d'une culture au sein de laquelle la liberté de conscience était profondément ancrée.

Entre-temps, la Croisade avait eu des implications politiques telles que le conflit avait largement débordé les seules principautés féodales où le Catharisme était florissant : non seulement la Couronne de France, mais celles d'Angleterre, d'Aragon, l'Empire germanique même, furent concernés. Au point que la "guerre sainte" contre "l'hérésie" prit vite l'allure d'une pure et simple conquête où les ambitions personnelles jouèrent plus que les idéaux religieux. Le Catharisme n'était pas encore abattu que, par le jeu des défaites et des traités, des mariages forcés et des combinaisons politiques, le comté de Toulouse et la vicomté de Béziers-Carcassonne étaient rayés de la carte et annexés au domaine royal capétien. C'est ainsi que le Languedoc est devenu français, quand rien ne le laissait prévoir : en 1213, l'année de la bataille de Muret, il s'était donné pour souverain le roi qui régnait à Saragosse et à Barcelone, et qui parlait la même langue qu'à Toulouse, non le roi de Paris.

Il ne s'agit pas de refaire l'Histoire. Et si Montségur, où se réfugient les dignitaires de l'Église cathare sous la protection des seigneurs qui résistaient désespérément à la conquête, se dresse toujours comme un symbole au sommet de son rocher d'Ariège, c'est au moins le symbole d'une indépendance perdue, que celui, plus actuel, du droit de penser, de croire et de vivre.

Un droit pour lequel le 16 mars 1244, deux cents hommes et femmes, nobles ou paysans, servantes et châtelaines, chevaliers, marchands ou bergers, ont choisi, en chantant, de mourir.

Les sentiers cathares ne se lisent pas seulement sur les cartes : ils sont inscrits, aussi, dans la géographie du cœur.

## INTRODUCTION AU PAYS CATHARE

### Sur les traces de l'histoire

C'est de Port-la-Nouvelle, dans l'Aude, à Foix, en passant par Montségur, que serpente le "Sentier Cathare". Il suit insensiblement les Marches d'Espagne, ancienne frontière entre les royaumes de France et d'Aragon. En neuf étapes audoises et trois étapes ariégeoises, ce sont deux mondes qui se trouvent reliés : Méditerranée et Pyrénées. La variété des paysages traversés est le fidèle reflet du passage d'un milieu géographique à l'autre. L'itinéraire proposé s'attache à joindre le plus directement possible la mer à Foix en passant par les châteaux qui montaient la garde sur la frontière franco-aragonaise. Les événements politiques et militaires ont fait que ces forteresses abusivement qualifiées de "châteaux cathares" se sont trouvées parmi les possessions les plus méridionales du roi de France à partir du XIIIe siècle, à l'issue de la Croisade contre les Albigeois ou Cathares. L'itinéraire du "Sentier Cathare" n'emprunte pas toujours les parcours liés à ces circonstances et il n'a jamais existé historiquement un sentier de ce nom. Le tracé proposé permet simplement la découverte du patrimoine local et de panoramas exceptionnels mais aussi l'évocation d'une page d'histoire médiévale méridionale le catharisme languedocien et les événements qui l'ont fait disparaître.

Le parcours peut être amorcé par l'une ou l'autre des étapes, laissées au choix du randonneur en fonction du lieu où il se trouve et du temps qu'il veut consacrer à sa marche. C'est avant tout à pied ou à cheval, voire à VTT, qu'il faut découvrir les paysages des Corbières et des Pyrénées, propices à la rêverie. Au premier abord, ces terres sauvages peuvent paraître peu hospitalières, mais elles deviennent plus accueillantes pour celui qui prend le temps de les découvrir.

À partir de certains lieux étapes, on peut parfaire la connaissance du Pays Cathare en faisant, si on en a le loisir, une boucle de deux ou trois jours.

### Des Corbières maritimes aux Pyrénées ariégeoises

Le Sentier Cathare court de la Méditerranée au Pays de Foix, il traverse les Corbières du sud puis longe le front nord pyrénéen. À peine long de 200 kilomètres, il offre une grande variété de paysage, "la plaine et le désert, les coteaux et les causses, les forêts et les landes, la mer et la montagne... tout est présent depuis la mer latine jusqu'aux sommets neigeux..."

Des Corbières maritimes aux Pyrénées ariégeoises, l'itinéraire ne se hisse jamais en haute altitude. Le château de Montségur, avec ses 1 200 mètres, en est le point le plus élevé. Par contre, les reliefs franchis sont très heurtés et les dénivelés parfois surprenants particulièrement entre les villages et leurs châteaux. Au sud, le regard s'accroche aux proches crêtes pyrénéennes : pic d'Estable, près d'Axat, pic d'Ourthizet, au sud d'Espezel, pics de Soularac et de Saint-Barthélemy, près de Montségur (dépassant 2 300 m).

La proximité de la mer, la présence de terres d'altitude, l'existence de grands massifs forestiers expliquent presque à eux seuls les contrastes climatiques rencontrés d'est en ouest. Les influences méditerranéennes, montagnardes et atlantiques s'affrontent et se mêlent, de sorte que les prévisions météorologiques deviennent hasardeuses. Les vents violents, les neiges abondantes et les brouillards épais en altitude, les pluies d'orage torrentielles ne cèdent en rien à la chaleur torride de l'été, au ciel très bleu longtemps dans l'hiver, aux sécheresses prolongées...

Ici, deux vents majeurs (le vent marin – ou cers – et la tramontane) se partagent le ciel et la terre durant plus de 300 jours par an. Le soleil, ami ou adversaire selon la saison et le lieu, ajoute ses effets à ceux du vent pour donner à une grande partie de cette région son aspect désertique, sa végétation typique. L'ensoleillement, décroissant d'est en ouest, est un des plus généreux de France (2 750 à 2 200 heures/an).

Le drame cathare, halluciné et tragique, pouvait-il avoir un autre théâtre que ces lieux exaltés, exigeants, traversés de tous les conflits, de toutes les passions du ciel et de la terre ?

## La flore

Les contrastes géographiques et climatiques caractérisant la contrée expliquent que la flore soit d'une extrême variété, parfois déroutante, puisqu'aussi bien le sapin et le hêtre, essences montagnardes, voisinent avec thym et lavande, plantes de la Méditerranée.

Deux paysages végétaux essentiels se rencontrent, bien qu'il y ait, çà et là, des microclimats et des sols favorisant des particularismes fort curieux.

### La zone méditerranéenne

La végétation méditerranéenne ou sub-méditerranéenne couvre le massif des Corbières, la vallée de l'Aude et par endroits les soulanes en Pays de Sault. Forêts de chênes verts, de pins maritimes, de chênes pubescents, de châtaigniers (au nord de Bugarach) alternent avec de vastes étendues de garrigues et de maquis où poussent thym, lavande, chênes kermès, genévriers, cades, cistes et des pâturages pauvres. C'est au niveau du col du Campérié (514 m), sur la D 117, que se fait la coupure climatique et que les hêtraies sapinières (forêts des Franges, En Malo-Bac Estable) succèdent aux garrigues et boisements de chênes verts et pubescents.

### La zone montagneuse pyrénéenne

La végétation y est dense et presque exclusivement forestière. Le hêtre, le sapin et le pin sylvestre, essences montagnardes par excellence, dominent. D'autres espèces comme le bouleau, le tremble, le tilleul, le frêne sont en nombre appréciable.

Il s'y ajoute celles peuplant les plantations nouvelles épicéas, cèdres, sapins de Douglas… Les landes sur les plateaux sont couvertes de buis, bruyères et genévriers puis, plus haut, au-dessus des forêts, airelles, rhododendrons, myrtilles et autres arbustes nains, adaptés à l'altitude, peuplent l'alpage parsemé de boqueteaux de pins à crochets. La saison chaude fait jaillir en montagne une floraison colorée de gentianes diverses, de narcisses, jonquilles, asters, campanules, asphodèles, œillets…

Parmi les plus attirantes, certaines sont aussi très toxiques : les aconits, la belladone, la digitale, le vératre ou fausse gentiane, etc. Le peuplement en champignons est aussi très varié, et les habitants de la région de moyenne altitude ont le privilège de consommer quelques espèces tout au long de l'année. Pour goûter sans danger aux joies de la nature, il est toujours prudent de se munir d'une flore et d'un guide des champignons.

## La faune

À l'instar de la flore, la faune est très variée puisqu'elle dépend d'un environnement dont on a souligné l'hétérogénéité. Hormis dans la frange littorale, en partie bouleversée par l'urbanisme côtier et les grandes voies de communication (ce qui n'est pas le cas de l'étang de Bages, hébergeant de nombreuses espèces d'oiseaux aquatiques), les biotopes d'origine des espèces locales n'ont pas été modifiés. Beaucoup de celles-ci sont communes aux autres régions françaises, mais à l'approche du massif pyrénéen la vie animale acquiert une réelle originalité.

Il paraît opportun de signaler l'existence d'oiseaux et de mammifères les plus remarquables pouvant être rencontrés ou repérés (traces) dès Prugnanes ou Bugarach.

### Mammifères particuliers

Chat sauvage : robuste, ressemble en plus gros au chat domestique, genre dit de gouttière, bien qu'il en soit génétiquement éloigné. Très farouche, ce qui explique sa présence (discrète) dans la plupart des massifs forestiers pyrénéens.

Mouflons : introduits il y a une trentaine d'années, ils ont disparu des Fenouillèdes mais sont très adaptés au massif de Tabe (Montségur-La Frau).

Isard : commun en altitude, la forme des cornes est de peu de secours aux néophytes pour aider à la détermination des sexes. Chevrées d'importance variable en général sous la conduite d'une vieille chèvre bréhaigne. (Sont visibles en forêt jusqu'à 1 000 mètres d'altitude, limite nord du Pays de Sault, massif Saint-Barthélemy – La Frau.)

Cerf : introduit il y a plus de 30 ans. Nombreux en Pays de Sault et sur le plateau Nébias-Puivert, forêt de Belesta.

Chevreuil : également introduit. Beaucoup plus petit que le cerf. Le mâle porte des petits bois ramifiés, la femelle non. Le mâle est roux, la femelle grise ou brunâtre. (Grandes forêts des plateaux.)

La marmotte, répandue depuis son introduction dans les armées soixante, et l'ours, devenu au contraire excessivement rare, se tiennent plus au sud, près de l'axe central pyrénéen. Le mammifère le plus curieux, le plus pyrénéen et le moins repérable est le desman ; il vit dans quelques-uns des torrents traversés par le sentier.

Reptiles et amphibiens
Une grande variété d'amphibiens et de reptiles vit dans l'espace compris entre la mer et la montagne. Parmi les amphibiens, l'euprocte ou triton des Pyrénées peuple les mêmes cours d'eau que le desman et est tout aussi discret. Chez les reptiles, un seul est dangereux : la vipère aspic. La couleuvre de Montpellier, cantonnée aux garrigues, malgré sa taille impressionnante, est inoffensive pour l'homme. À retenir la présence d'un magnifique lézard, le lézard ocellé, fréquentant aussi les parties chaudes du pays.

Quelques oiseaux
Flamant rose : on les trouve particulièrement sur les étangs de Leucate et de Lapalme.
Aigle royal : très grand rapace presque disparu il y a quelques années, il est à nouveau visible en Pays de Sault et en Hautes-Corbières.
Circaète ou aigle Jean le Blanc : envergure d'un mètre quatre-vingt, avec le dessous des ailes entièrement blanc vermiculé de taches brunâtres. Il plane et fait assez souvent un vol battu sur place ; il se nourrit à 90 % de serpents et de lézards.
Milans noir et royal : en nombre important au printemps.
Busards Saint-Martin et cendrés : beau rapace de taille moyenne (1,05 m d'envergure), chasse au ras du sol (3 à 5 m) sur les plateaux de Sault et de Puivert. Ailes grises à bouts noirs.
Pic : on peut en observer trois variétés dans les zones boisées (pic vert, pic noir, pic épeiche).
Grand coq de bruyère ou grand tétras : très gros oiseau. Le mâle noir irisé, la femelle brune. Il s'envole dans un grand fracas. Souvent perché. Très menacé par les routes forestières et les dérangements intempestifs en période de reproduction. (Grandes forêts de résineux.)

Grand corbeau : ce puissant corvidé à la voix profonde affectionne plateaux et pâturages d'altitude.
Des rapaces, tels l'aigle de Bonelli, les buses diverses, les faucons, quelques vautours (vautour fauve, percnoptère) sont observables dans cette contrée tout comme d'ailleurs bon nombre de grands migrateurs : cigognes, grues cendrées, oies… observables sur les plateaux pré-pyrénéens à l'automne.

## LE GUIDE PRATIQUE

Le Sentier Cathare se pratique, en randonnée pédestre ou équestre, de la mer à Foix (sens du descriptif) ou inversement ; en fonction du temps dont on dispose et des objectifs recherchés, il est possible de ne parcourir qu'une fraction d'itinéraire, entre deux gares SNCF par exemple, en boucles de 2 à 3 jours à partir d'un gîte d'étape, ou bien d'effectuer en famille à partir de la voiture, une promenade d'un jour ou d'une demi-journée. Quelle que soit la formule retenue, conseils et informations ne sont pas superflus.

**Accès à l'itinéraire complet**
**A)** Départ de La Nouvelle (Aude) – Arrivée Foix (Ariège)
**Sans voiture :** Accès par SNCF depuis Paris, Toulouse, Marseille ou Barcelone, tant à La Nouvelle qu'à Foix.
**Avec voiture :** Autoroutes La Languedocienne et La Catalane avec sortie au péage de Sigean et accès à La Nouvelle par la D 6139.
N 20 – D 117 pour quitter Foix
**B)** Départ de Foix – Arrivée La Nouvelle. (même possibilités que dans A.)

**Accès à l'itinéraire fractionné**

Randonneurs sans voiture
**A)** La Nouvelle-Quillan (SNCF pour liaison sur Carcassonne et grandes lignes) :
6 étapes ou les propositions inverses.
**B)** Foix-Quillan (SNCF) : ou inversement en 6 étapes.
**C)** En boucle : à partir de Quillan (SNCF), à partir de Foix (SNCF)

*Randonneurs avec voiture*
Toutes les étapes sont accessibles par voie routière, on peut donc choisir son point de départ. Il faudra pour retrouver le véhicule, soit utiliser un transport public en certains endroits, soit se faire récupérer par un ami, soit utiliser un organisme d'assistance aux randonneurs ou bien revenir à pied à son point de départ par un circuit local, ce qui n'est pas possible partout (voir page 127).

### Équipements et conseils pratiques

Les temps sont donnés tronçon par tronçon, à titre indicatif ; ils varient selon la capacité physique, le chargement, l'intérêt que l'on porte aux paysages, à la faune et à la flore, voire à la méditation.

L'équipement est celui de tout randonneur mais en tenant compte, que l'on effectue la totalité du parcours, de l'extrême diversité des zones traversées et de leur climat.

À retenir : la violence des vents, la sécheresse intense sur la partie orientale (mer-Corbières) mais qui peut être généralisée à tout l'itinéraire de juin à décembre ; le froid aigu (-10° à -15°) et l'enneigement dans la partie occidentale (Hautes-Corbières – Pyrénées) possibles de novembre à avril, la brutalité des orages qui rendent dangereux les moindres torrents généralement à sec.

Donc : ne pas croire que ce pays à la latitude de la Corse du nord et de la Toscane soit une contrée au climat sans surprise, chaussures et vêtements sont à bien choisir ; surtout ne pas oublier l'eau (repérer les points de ravitaillement sur la carte, particulièrement pour les chevaux).

### Autres conseils :

• Éviter si possible de marcher au plus fort de la chaleur estivale (Corbières orientales). Les deux premières étapes sont déconseillées en été aux novices.

• Ne pas bivouaquer dans le lit des torrents ni à proximité.

• Attention aux morsures de vipères (particulièrement en zone pyrénéenne) : l'Aspivenin est recommandé, le sérum antivenimeux est à utiliser de manière appropriée et exceptionnelle. Désinfection et héparine calcique auto injectable si possible.

• Chasse : dès septembre et jusqu'à janvier, la chasse bat son plein. Se renseigner à l'étape sur les lieux de battue au grand gibier (cerf, chevreuil, sanglier).

• Bétail : l'itinéraire franchit plusieurs zones pastorales closes. Ne pas oublier de fermer les portillons d'accès.

• Chiens : à tenir en laisse dans les pacages, les zones de chasse, les réserves, les villages.

• À cheval : respecter les propriétés privées (fourrage).

### Balisage-signalisation

Le Sentier Cathare (SC), itinéraire de près de 200 km, est désormais balisé en rouge et blanc depuis sa récente labellisation GR®, quel que soit le département traversé (Aude, Pyrénées-Orientales, Ariège). Il porte le numéro GR®367 ou GR®367a (variante sud). Sur certaines portions d'itinéraires, il peut être commun à un tour de pays au balisage jaune et rouge (Ronde au cœur des Corbières, Tour du Fenouillèdes) ; dans ce cas le balisage rouge et blanc prend le dessus. Il peut aussi être commun à un autre itinéraire de Grande Randonnée, comme le GR®36 dans le Fenouillèdes, GR®7 et GR®107 sur le plateau de Sault, ou en Ariège. Veillez dans ce cas à bien appréhender les intersections mentionnées dans ce topo et à vérifier les directions données par les panneaux trouvés sur place.

À l'initiative des départements traversés, des panneaux d'informations en lien direct avec le Sentier Cathare donnent aussi des indications sur les lieux d'étape et lieux de visite.

Pour des raisons variées (malveillances, intempéries), panneaux et balises peuvent être absents ou détournés... La carte et le topo sont alors vos meilleurs alliés. En cas de désaccord entre le balisage et le topo, suivez le balisage terrain, car une déviation a pu être mise en place momentanément pour éviter une zone de travaux, un éboulement, un gué ou une passerelle détruite par une crue.

### Temps de marche

Une étape se parcourt au rythme de chacun ; il est soit lent et "contemplatif", soit rapide et sportif... ou un mélange des deux ! On compte généralement 4 kilomètres parcourus en une heure. L'important est d'avoir un ordre de grandeur du temps passé à marcher. Ne pas oublier montées et descentes :

les dénivelés positifs sont indiqués en tête de chaque étape.

**Viabilité de l'itinéraire**
La viabilité du sentier peut être modifiée pour diverses causes imprévisibles au moment de la rédaction du topo-guide : incendies de forêt, inondations brutales localisées, mouvements de terrain, enneigement, travaux d'aménagement forestier, réorganisation foncière. Les gîtes d'étape seront en mesure de signaler les modifications momentanées. Toute critique sur le tracé peut être communiquée à l'éditeur.

**Cartes utiles**
Carte Michelin 1/150 000 n° 344 (routière)
Cartes IGN 1/100 000 touristique
série Top 100 N° 173 et 174
Cartes IGN 1/25 000, série Top 25 :
2546 OT-Narbonne ;
2547 OT-Durban-Corbières/Leucate ;
2447 OT-Tuchan ; 2347 OT-Quillan ;
2348 ET-Prades/St Paul de Fenouillet ;
2248 ET-Axat ;
2247 OT Lavelanet/Montségur ;
2148 ET Ax-les-Thermes ; 2147 ET Foix.
Les cartes utilisées dans ce guide sont tirées de la carte complète du SC au 1/55 000 : voir page 12.

**Météorologie**
Météo France : 08 99 71 02 + n° du département (consultation pour les départements 11, 66 et 09)

**Secours**
Centre opérationnel départemental incendie et secours
(CODIS) Aude : 04 68 79 59 18
**Gendarmerie :**
**Dans la vallée de l'Aude et les Hautes-Corbières (étapes 1 à 7 et variantes) :**
gendarmerie de Quillan : 04 68 20 00 33
gendarmerie de Couiza : 04 68 74 00 17
gendarmerie de Tuchan : 04 68 45 41 19
gendarmerie de Sigean : 04 68 48 23 17
**En Pays de Sault (étapes 7 à 9) :**
gendarmerie de Belcaire : 04 68 20 31 17
gendarmerie d'Axat : 04 68 20 50 17
**En Ariège (étapes 9 à 12) :**
gendarmerie de Lavelanet : 05 61 01 00 17
gendarmerie de Foix : 05 61 02 17 00

**Hébergements**
L'itinéraire du Sentier Cathare est divisé en tronçons ou étapes qui ne sont que des propositions. Chaque lieu d'étape a été choisi au regard de son importance historique dans l'espace cathare, mais aussi en fonction des possibilités d'hébergements. Chacun agira en fonction de son goût, de sa forme physique, du temps consacré à la visite des châteaux, de ses finances, de la météo...
Chacune des haltes conseillées est dotée dans la mesure du possible d'un gîte d'étape (capacité variable de 12 à 70 places, en dortoir et/ou en chambre), voire d'un hôtel (H) ou de chambres d'hôtes (CH), offrant ou non des possibilités de restauration. Plusieurs campings sont également signalés. Sachez qu'il est toujours très préférable de réserver (et de ne pas omettre d'annuler quand nécessaire). Pareille randonnée au long cours repose sur une préparation attentive, que ce soit en saison haute (risque de saturation des hébergements), soit en saison basse (hébergements fermés). Ensuite, chacun pourra se fier à son intuition, au sens de la rencontre et de la bonne fortune... (Une nuit en gîte d'étape coûte environ 10 à 12 euros pour une personne, la demi-pension se situe aux environs de 28 ou 30 euros).

**Découpage des étapes**
Du départ à Port-la-Nouvelle jusqu'à Duilhac-sous-Peyrepertuse, vous suivez un tronc commun de trois étapes dont les deux premières sont longues et éprouvantes. Il est bien évidemment loisible de découper ce long tronçon de 80 kilomètres en 4, voire en 5 segments, pour mieux se roder, en faisant halte à Roquefort-des-Corbières et/ou à Embres-et-Castelmaure, puis à Cucugnan, ce qui laisse du temps pour visiter les châteaux de Quéribus et de Peyrepertuse. À partir de Duilhac, deux possibilités : soit rejoindre Cubières (étape 4 nord), soit cap au sud vers Prugnanes (étape 4 sud). Dans le premier cas, vous continuerez par Bugarach et Quillan. Dans le second, le Sentier Cathare vous permettra de visiter Puilaurens et de filer vers Quirbajou. Les deux options se rejoignent avant de rejoindre Puivert (étape 7 nord ou 7 sud).
À partir de Puivert, c'est à nouveau un tronc

9

commun, de cinq étapes, pour rejoindre Foix. Attention, sur la variante sud (étape 5bis), nous faisons le choix de décrire une liaison directe de Prugnanes à Puilaurens, comme sur la version antérieure du Sentier Cathare. Une portion d'environ 1 h 30 au départ de Prugnanes ne bénéficie donc plus de balisage pour rejoindre Caudiès-de-Fenouillèdes. Le balisage GR® indique quant à lui de décrire une boucle vers le roc Paradet et l'estive de Campeau, vous contraignant certainement à rajouter une étape à Caudiès-de-Fenouillèdes.

**Transports**

**Gares SNCF:**
**Port-la-Nouvelle:** tél. 04 68 48 01 54 (grandes lignes Paris-Port-Bou et Genève-Barcelone)
**Quillan:** tél. 04 68 20 05 63 (liaisons avec grandes lignes à Carcassonne)
**Foix:** tél. 05 61 02 03 60 (grande ligne Paris-Toulouse-La Tour-de-Carol)

Voir page 126 le tableau complet des sociétés assurant les transports de personnes et de bagages.

Les bonnes informations pour préparer votre séjour sur le Sentier Cathare

- www.lesentiercathare.com
- Hébergements, restauration, activités, sites touristiques, loisirs, produits du terroir, caveaux de dégustation… Le Carnet de voyages Sentier Cathare propose l'ensemble des infos pratiques sur les trois départements : www.audetourisme.com/fr/pratique/documents/2017-carnet-de-voyage-sentier-cathare.pdf.
- www.payscathare.org, pour bien préparer les visites des différents châteaux.

## ATTENTION AU FEU

Dans les pays méditerranéens, dont font partie l'Aude et les Pyrénées-Orientales, l'incendie de forêt est une catastrophe annuellement renouvelée qui, si les conditions du moment sont réunies (extrême sécheresse durable et vents violents), tourne au cataclysme. Et alors hommes, animaux, végétaux, sols et rocs en sont à jamais marqués. Le feu, source d'énergie donc de vie, est ici chaque été signe de mort.
Les randonneurs qui traversent notre région ou y séjournent doivent savoir, sans pour cela en faire une obsession, que les feux de forêt sont un très grave problème auquel ils peuvent être confrontés à deux titres :
- Comme habitants de la planète Terre conscients d'avoir à préserver le patrimoine naturel.
- Comme êtres vivants pouvant être pris dans un incendie.

Comment participer à la sauvegarde du patrimoine forestier de la région méditerranéenne ?

- Tout d'abord et fort simplement en respectant les règles de bon sens que les textes légaux (code forestier ; arrêtés divers…) renforcent par des interdictions absolues :
– dans les zones très sensibles (Fenouillèdes et Corbières. En fonction de la durée de la sécheresse, elles sont multipliées tant vers l'ouest que vers la haute montagne), et durant la période dangereuse (de juin à octobre, elle peut aussi se prolonger jusqu'en hiver), éviter de faire des feux de bivouac ou de pique-nique, d'utiliser sans protection suffisante des feux portatifs tels que réchaud à gaz ou à essence, de fumer et jeter les mégots non éteints, d'utiliser des véhicules pouvant projeter des étincelles (motos, voitures, etc.) ;
– conseiller aimablement mais avec fermeté aux randonneurs imprudents de ne pas faire de feu ;
– alerter si possible le village ou le véhicule le plus proche de la zone de repérage d'une fumée ou de flammes suspectes.

- En second lieu en s'intéressant au milieu dans lequel on évolue :
– avoir une bonne information du couvert végétal méditerranéen dont les caractères spécifiques expliquent sa grande sensibilité au feu,
– avoir une bonne information sur les conditions météorologiques des lieux : vents, degré de sécheresse… Il faut donc se renseigner auprès de la Météorologie nationale. Comment échapper ou résister à un incendie de forêt ?

Il est rare que des randonneurs aient été pris dans un incendie, cependant il vaut mieux prévoir…

**Avant de partir :**
– préparer sérieusement l'itinéraire sur carte en s'informant de la nature des couverts végétaux rencontrés,
– s'informer de la météo (vent),
– s'équiper de vêtements et de chaussures adaptés à la zone à parcourir ; il est préférable de porter de la laine voire du coton que des tissus synthétiques, d'avoir la possibilité de baisser les manches et de se couvrir les jambes (pantalons dans le sac). Si on est en short, de porter des chaussures de marche et surtout de posséder une bonne provision d'eau.

**Pendant la randonnée :**
– ne pas quitter les itinéraires balisés sans raison impérative pour se lancer dans la végétation,
– observer le paysage et les caractéristiques de la végétation,
– repérer le sens du vent.

**En cas d'incendie :**
– ne pas paniquer et réfléchir avant d'agir,
– bien apprécier le sens de la progression des flammes et celui du vent,
– localiser les zones rocheuses, à végétation rase, les cavités, les talus, les bâtisses même en ruine,
– ne pas fuir de manière irraisonnée,
– essayer si possible de franchir les flammes pour rejoindre une zone déjà consumée. Éviter de respirer durant la traversée,
– se protéger de la manière la plus totale : couverture, terre, sable, boue ; la couverture de survie est le moyen le plus efficace,
– placer un mouchoir (ou tout autre tissu) humide devant le nez et la bouche,
– essayer près des sommets d'accéder à une crête proche sans utiliser de ravins étroits,
– si l'on est à mi-pente, descendre vers la vallée,
– éviter de se placer dans une zone non brûlée pouvant être la proie du feu,
– si votre voiture est proche, s'y réfugier (risque d'explosion du réservoir très minime) se coucher au fond et se couvrir ; attendre pour sortir que les flammes soient passées et que la végétation soit brûlée,
– même conduite à avoir dans une bâtisse, derrière un talus ou une muraille (s'allonger si possible les pieds dans la direction du front des flammes).

## CARTE DE RANDONNÉES
### HIKING MAP 1:55 000
1 cm = 550 m

**PYRÉNÉES 09** COMPATIBLE GPS / WGS84

## LE SENTIER CATHARE

Quéribus | Peyrepertuse | Puylaurens
Montségur | Aude Pays Cathare

RANDO éditions

DONNÉES IGN

Puylaurens © Jean-Pierre Sourzat

# LA CARTE AU 1/55 000

## INDISPENSABLE
À VOTRE CHEMINEMENT EN PAYS CATHARE

Cette carte contient une sélection de toutes les informations utiles à la randonnée et à la pratique de la montagne, et particulièrement en ce qui concerne **le Sentier Cathare**.

Cartographie en deux bandes ; format plié 11 x 25, à plat 132 x 100 cm.

Les cartes des étapes de cet itinéraire telles que figurant dans le présent ouvrage sont extraites de la feuille au 1/55 000, après avoir été allégées et filtrées.

Saverdun
Alzonne
Peyriac-Minervois
Olonzac
Ginestas
Coursan
CARCASSONNE
NARBONNE
Belpech
Fanjeaux
Montréal
Capendu
Lézignan-Corbières
Orbieu
Aude
PAMIERS
Hers
Alaigne
Mirepoix
Saint-Hilaire
Lagrasse
Étang de Bages et de Sigean
LIMOUX
Varilhes
Ariège
ARIÈGE
AUDE
Sigean
PORT-LA-NOUVELLE
Chalabre
Mouthoumet
Durban-Corbières
Étang de Lapalme
FOIX
Roquefixade
Montgaillard
Lavelanet
Puivert
Couiza
Cubières-sur-Cinoble
Duilhac-sous-Peyrepertuse
Montségur
Espezel
Quillan
Bugarach
Tuchan
Tarascon-sur-Ariège
Comus
Prugnanes
Étang de Leucate
Belcaire
Quirbajou
Axat
Puilaurens
Saint-Paul-de-Fenouillet
Rivesaltes
Saint-Laurent-de-la-Salanque
Les Cabannes
Latour-de-France
Agly
N
O
E
S
Sournia
Saint-Estève
Têt
Canet-en-Roussillon
Ax-les-Thermes
PERPIGNAN
Quérigut
Millas
Toulouges
Étang de Canet
Thuir
Vinça
Elne
PRADES
Tech
Olette
Argelès-sur-Mer
Cap Béar
ANDORRE
PYRÉNÉES-ORIENTALES
Mont-Louis
Port-Vendres
CÉRET

| | | DISTANCE | MARCHE | DÉNIVELÉ (M) | |
|---|---|---|---|---|---|
| 1re étape | **Port-la-Nouvelle → Durban-Corbières** | 29,0 | 6h45 | 600 | p. 15 |
| 2e étape | **Durban-Corbières → Tuchan** | 28,0 | 7h00 | 800 | p. 23 |
| 3e étape | **Tuchan → Duilhac-sous-Peyrepertuse** | 23,0 | 6h15 | 750 | p. 31 |
| 4e étape[N] | **Duilhac-sous-Peyrepertuse → Cubières-s/Cinoble** | 13,2 | 3h50 | 87,5 | p. 41 |
| 4e étape[S] | **Duilhac-sous-Peyrepertuse → Prugnanes** | 20,0 | 5h45 | 920 | p. 45 |
| 5e étape[N] | **Cubières-sur-Cinoble → Bugarach** | 16,8 | 4h50 | 700 | p. 49 |
| 5e étape[S] | **Prugnanes → Puilaurens** | 18,0 | 4h50 | 500 | p. 53 |
| 5e étape[BIS] | **Prugnanes → Caudiès-de-Fenouillèdes** | 17,5 | 4h20 | 740 | p. 58 |
| 6e étape[N] | **Bugarach → Quillan (La Forge)** | 24,0 | 6h30 | 700 | p. 58 |
| 6e étape[S] | **Puilaurens → Quirbajou** | 23,0 | 6h15 | 700 | p. 64 |
| 7e étape[N] | **Quillan → Puivert** | 21,0 | 5h45 | 700 | p. 69 |
| 7e étape[S] | **Quirbajou → Puivert** | 22,0 | 5h45 | 500 | p. 77 |
| 8e étape | **Puivert → Espezel** | 17,0 | 4h30 | 600 | p. 82 |
| 9e étape | **Espezel → Comus** | 20,0 | 5h15 | 500 | p. 87 |
| 10e étape | **Comus → Montségur** | 14,5 | 3h30 | 500 | p. 95 |
| 11e étape | **Montségur → Roquefixade** | 17,0 | 4h15 | 550 | p. 102 |
| 12e étape | **Roquefixade → Foix** | 18,0 | 4h50 | 500 | p. 109 |

Quéribus : le donjon

**29,0 km** — **6 h 45** — **600 m** — **1ʳᵉ étape**

# → Port-la-Nouvelle
# → Durban-Corbières

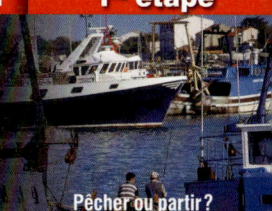

*Pêcher ou partir ?*

Cette étape est une transition rapide entre le littoral méditerranéen et les Corbières orientales, aux coteaux couverts de vignobles, aux curieuses arêtes rocheuses et aux garrigues plus ou moins rases, que le souffle du vent marin rafraîchit agréablement.

Il serait vain de vouloir trouver ici trace du catharisme. Port-la-Nouvelle n'existait pas au Moyen Âge, mais les plateaux qui surplombent mer et étangs ont eu un riche passé dont témoignent les vestiges préhistoriques et gallo-romains ainsi que les ruines de superbes bergeries.

De Port-La-Nouvelle à Durban puis à Tuchan, les étapes sont longues, difficiles par temps chaud, dépourvues de point d'eau et d'ombrages. Elles sont plutôt réservées à des randonneurs bien préparés à l'effort. À moins de choisir de faire halte à Roquefort pour une entrée en matière modérée…

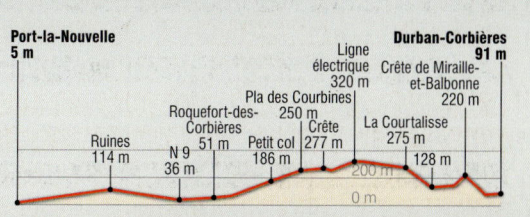

**Profil :** Port-la-Nouvelle 5 m — Ruines 114 m — N 9 36 m — Roquefort-des-Corbières 51 m — Petit col 186 m — Pla des Courbines 250 m — Crête 277 m — Ligne électrique 320 m — La Courtalisse 275 m — 128 m — Crête de Miraille-et-Balbonne 220 m — Durban-Corbières 91 m

## RENSEIGNEMENTS PRATIQUES

🌐 IGN 2547 OT Durban-Corbières, au 1/25000

### ✤ PORT-LA-NOUVELLE (11210)

→ OT, place Paul-Valéry, 04 68 48 00 51, www.portlanouvelle.com

→ Tous services et commerces, hôtels, gare SNCF

→ HR Méditerranée, 30 ch., à partir de 73 €/ch., pdj. 9 €, repas 14,90 €, bd. du Front-de-Mer, 04 68 48 03 08, www.hotelmediterranee.com

→ Camping Cap du Roc, 98 empl., tente de 10 à 20 €/2 p., mobile-home de 55 à 90 €/4 p., snack-bar en juillet/août, du 01/04 au 30/09, Patrick Rouauld, route de La Palme, 04 68 48 00 98, www.camping-cap-du-roc.com

→ Camping municipal du Golfe, 236 empl., du 01/04 au 30/09, bd. Francis-Vals, 04 68 48 08 42, campingmunicipallegolfe@mairiepln.com, www.portlanouvelle.com

→ Camping Côte Vermeille, 300 empl., tente de 16 à 30 €/2 p., du 01/04 au 30/09, épicerie et restaurant ouverts en saison, chemin des Vignes, 04 68 48 05 80, www.camping-cote-vermeille.fr

### ✤ ROQUEFORT-DES-CORBIÈRES (11540)

→ www.roquefort-des-corbieres.fr

→ Restaurants, boulangerie, épicerie

→ CH Zenaïde, 5 ch., de 55 à 82 €/2 à 4 p., pdj compris, repas 16 € vin compris sur réservation, Bertrand Castgny et Anne Escalier, 27 rue des Chasseurs, 04 68 48 66 09, www.zenaide.net

15

→ CH La Maison des Iles, 4 ch., 60 €/2 p., 70 €/3 p., pdj compris, repas 15 € sur réservation, Marie-Noëlle Castan, 23 bis rue de l'Espandidou, 0468482086, www.lamaisondesiles.com

## DURBAN-CORBIÈRES (11360)

→ www.cc-corbieres.fr
→ Boulangerie, supérette
→ CH Le Clos des Rosalines, 4 ch., de 60 à 70 €/2 p., pdj compris, Joëlle Galinier, 133 av. des Corbières, 0468458092, 0683073845, pierregalinier@wanadoo.fr, www.closdesrosalines.com
→ Camping municipal Les Platanes, 30 empl., tente 4,70 €/p., du 15/06 au 15/09, 0468450681, mairuededurban@orange.fr

**0.00 Port-la-Nouvelle** (5 m). Face à la gare SNCF, prendre l'avenue Jean-Moulin vers le centre-ville, puis suivre le boulevard de l'Avenir, à droite. Au rond-point, virer à droite boulevard Francis-Vals. Après le complexe sportif et le camping municipal, au grand rond-point, tourner encore à droite. La route passe au-dessus de la voie ferrée.

**0.25 1,9 km** Intersection avec la **D 709**. Couper cet axe routier (rond-point) et monter en face sur le chemin de la Combe-des-Buis. Laisser deux chemins sur la gauche (carrière).

En haut, au carrefour (vestiges de blockhaus et barrière), choisir celui de gauche (direction : Combes de Redondes), puis très vite celui de droite à l'intersection en Y qui suit (vue sur le littoral). En marchant droit devant vous, vous apercevez au loin des éoliennes.
Le chemin vient frôler une ligne électrique puis laisse sa place à un sentier qui descend dans un petit ravin. Remonter de l'autre côté et suivre alors un nouveau chemin sur la droite. Au carrefour suivant (en T), avancer à droite vers les éoliennes.

**1.20 5,5 km** Laisser sur votre gauche des **ruines** et une haie de cyprès (114 m) pour avancer vers l'intersection suivante (en Y), où il convient de prendre à gauche.

**1.30 6,1 km** Vous parvenez à une intersection de quatre chemins, au niveau d'un **petit col, au pied des éoliennes.** Descendre en face (ouest) et prolonger en face à la première intersection (panneau « Roquefort » et balisage bleu/orange). Le chemin descend vers une ruine et atteint un carrefour en Y (petit pin) : prendre à droite. Au cœur du plateau désolé (7,8 km), après une nouvelle ruine, continuer à droite à l'intersection.

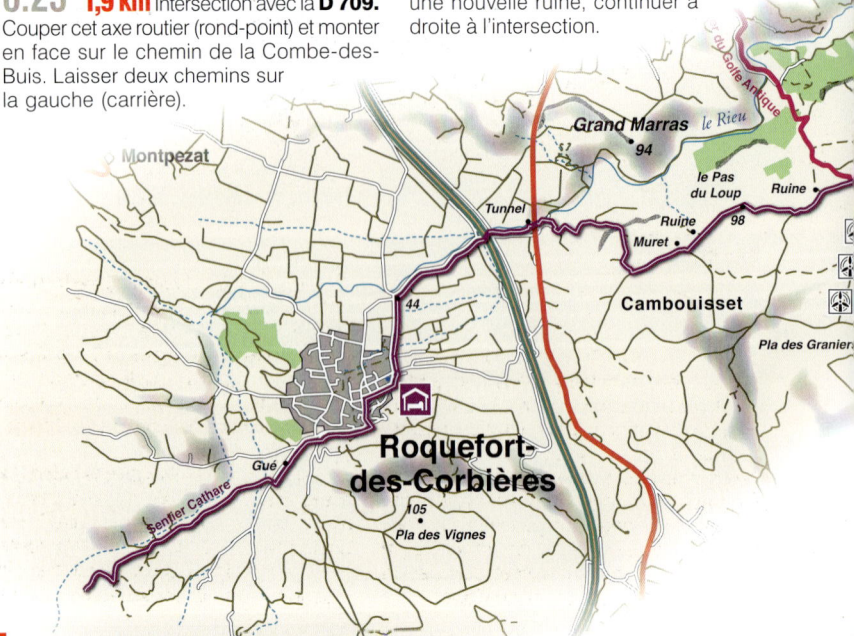

Port-la-Nouvelle

**2.00** **8,3 km** Dans la garrigue de Cambouisset, ne pas manquer une **intersection** (petit pin à gauche) où l'on abandonne le chemin principal pour un nouveau chemin à droite ; il décrit une courbe sur la droite. Au bout de 300 m, vous faites de nouveau face aux éoliennes. Débusquer la sente balisée qui plonge sur la gauche entre deux falaises. Ce passage, le Pas du Loup, se prolonge à l'ouest sur sentier puis par un chemin entre les parcelles de vigne.

**2.20** **9,5 km** Une **voie goudronnée** et un tunnel sur la droite permettent de passer sous la N 9 (restaurant *Chez le Suisse* à gauche) puis sous l'autoroute 3 min plus tard. Marcher droit devant sur le goudron. Après une station d'épuration, au petit carrefour, suivre la voie de gauche qui accède à…

**2.45** **11,4 km** **Roquefort-des-Corbières** (51 m). Au stop, remarquer un point d'eau dans la rue en face. Suivre la rue à droite jusqu'à son terme, puis remonter à gauche dans le village par la rue des Trois-Moulins. Dans la partie haute, suivre le goudron à droite. Au premier Y, emprunter à droite le camin del Bosc et le chemin de la Trillole.

**3.00 12,6 km** Carrefour à l'**entrée des vignes** (74 m) : continuer d'abord en face, puis à droite 300 m plus loin, sur une voie goudronnée ; la suivre jusqu'à son terme. Là, des chemins qui vous font face, emprunter le plus à gauche et très vite celui de droite à l'intersection suivante. Dix minutes après, dans la montée, ignorer un sentier balisé en jaune sur la gauche. Le chemin se prolonge sur la droite en bordure d'une rangée de petits pins.

**3.35 14,8 km** Atteindre un **petit col** et, par le chemin de droite, descendre vers la combe de la Clotte. Dans la descente (150 m), ignorer un chemin à gauche (suivre un fléchage «Courbines»). Franchir le fond du ravin et remonter sur la rive opposée en gardant le chemin principal. Il décrit quelques lacets avec des portions abruptes dans les cailloux, jusqu'à prendre pied sur le…

Le château de Durban-Corbières

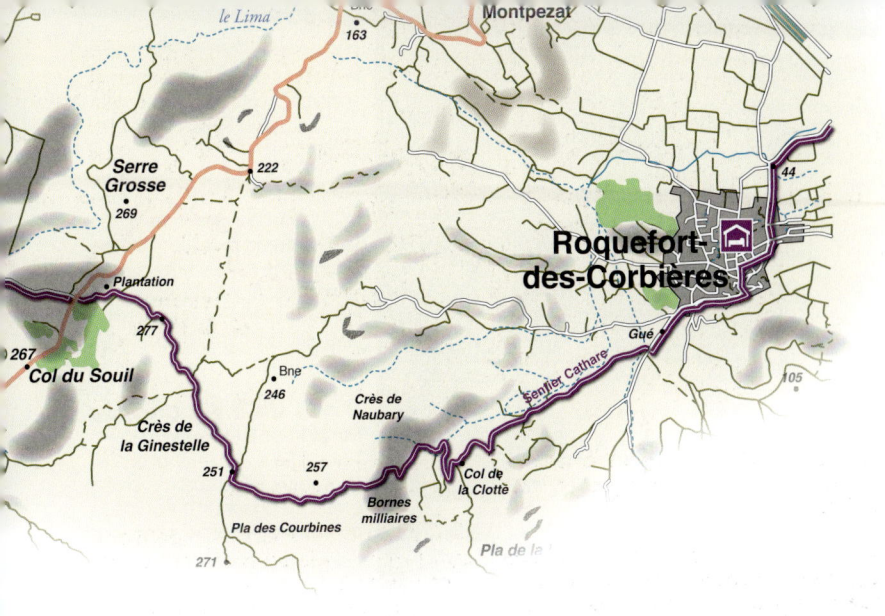

**4.00** **16,5 km Pla des Courbines** (250 m). Vaste plateau aride. Le chemin traverse cette immense étendue sauvage en suivant un chemin de terre rouge au beau milieu du Crès de la Ginestelle. Au cœur du plateau, laisser un chemin à gauche (17,4 km) et aussitôt après, à l'intersection en Y, poursuivre sur le chemin de gauche. À l'extrémité nord-ouest du plateau, le chemin remonte légèrement. Il franchit une ligne de crête et redescend dans une plantation de jeunes cèdres, en bordant deux puits antiques en pierres sèches.

**4.45** **19,2 km Carrefour** de chemins (250 m). Ignorer les chemins à gauche et à droite et prendre un sentier discret qui se faufile devant vous dans la plantation.

**4.50** **19,6 km** Couper la **D 205** et emprunter le chemin cimenté qui remonte en face. Laisser immédiatement un chemin à droite. Au sommet de la montée, passer sous une ligne électrique et avancer toujours sur la piste. Sur votre gauche, le pic des Estrons de la Vieille (laisser un chemin à gauche).
La piste entame une douce descente vers un nouveau parc éolien (ignorer les chemins secondaires).

**5.20** **21,8 km** Au début d'une portion horizontale (poste de chasse sur la droite), il faut quitter le chemin principal pour un chemin secondaire sur la gauche (panneau «Sentier Cathare – Durban»), au milieu de la végétation. Rester sur le chemin le plus large pour découvrir des puits restaurés. Il remonte légèrement et débouche dans un pré. Longer ce replat herbeux par la droite. De l'autre côté, faire quelques pas sur un nouveau chemin caillouteux. Dès son premier virage à gauche, l'abandonner pour un sentier sur la droite, dans la végétation.

**5.30** **22,5 km** Sommet des petites **falaises de la Courtalisse** (275 m). Beau point de vue sur les Corbières. Le sentier contourne les blocs rocheux, puis descend vers la vallée. En contrebas, il remonte un peu sur la gauche et contourne un ancien pré dans sa partie supérieure. Le sentier étant peu marqué, bien suivre le balisage. Une descente sur des affleurements rocheux puis en bordure d'un nouveau pré conduit à la…

**5.50** **24,0 km D 50,** près de la ferme de la Mandourelle (128 m). Couper le goudron et prendre en face le chemin qui longe un hangar agricole. Au milieu de la combe de

**Roquefort-des-Corbières**

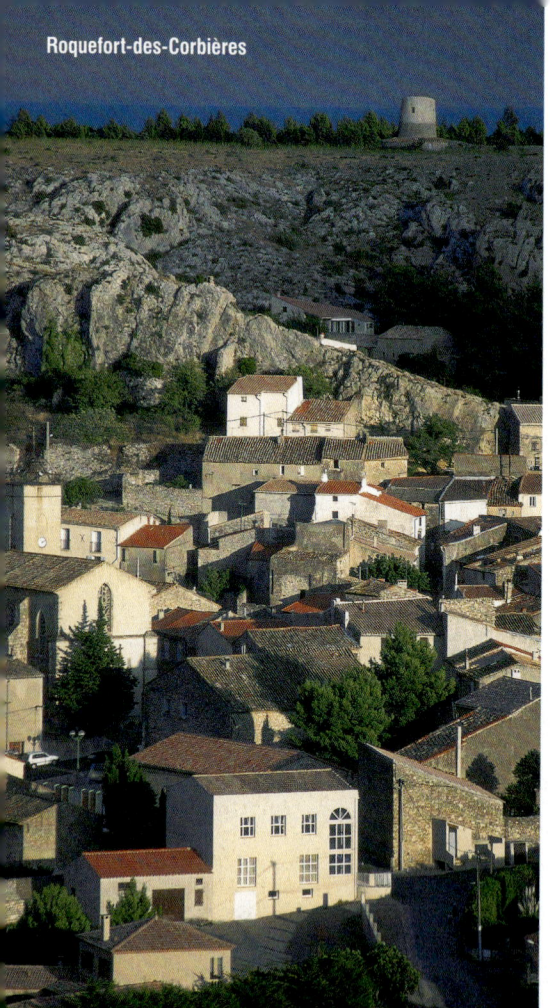

la Binasse, suivre le chemin principal ; il prend de la hauteur sur la droite et franchit un collet boisé.

Après une légère descente, à l'intersection, remonter en face le long de la vigne (frêne). Un sentier prend le relais ; il passe près d'une ruine de bergerie, remonte une croupe et traverse sur la droite. Subitement, un bon raidillon sur la gauche vous hisse sur la…

**6.15 25,9 km Crête de Miraille-et-Balbonne** (220 m). Traces d'une ancienne chapelle. Durban-Corbières est en vue. Le sentier plonge vers l'ouest, longe quelques vignes en contrebas et rejoint une piste dans un virage en épingle. Descendre sur la piste à droite vers une cabane et, au-delà, sur une voie partiellement goudronnée.

**6.35 27,2 km** Intersection avec la **D 611** (88 m). Suivre le goudron à gauche et aussitôt à droite (pont) pour rentrer dans…

**6.45 28,0 km Durban-Corbières** (91 m).

### LE LITTORAL : DE TOUT TEMPS, UN CARREFOUR

Dès les premières hauteurs, la vue s'étend sur 50 km de sable où s'égrènent les stations balnéaires contemporaines ou traditionnelles. De l'odorant massif de la Clape au nord, aux falaises du Cap Leucate au sud, le décor est planté : celui d'une façade maritime moderne, mais demeurée pittoresque, avec ses petits villages de pêcheurs, les étangs et leurs îles peuplées d'oiseaux avec en toile de fond les Corbières maritimes blanches et lumineuses. La présence humaine y est attestée depuis le paléolithique*. Certains oppida y furent établis à l'âge du bronze et, plus tard, occupés par les Romains. Les céramiques d'importation grecque, ibérique ou campanienne trouvées sur place témoignent de l'activité commerciale de l'Antiquité, dominée par le rayonnement du port de Narbonne.

Florissante grâce à cette activité portuaire, la ville fut le nœud des échanges entre Languedoc et bassin méditerranéen. Capitale de la Septimanie sous les Wisigoths, puis rattachée au royaume franc, elle restera prospère durant tout le Moyen Âge jusqu'à ce que l'ensablement des étangs mette un terme à l'activité portuaire.

### ✠ LA PLUS ANCIENNE VOIE ROMAINE DE GAULE

Matérialisation des communications à l'époque antique, la Voie Domitienne traversait cette région du nord au sud, reliant l'Italie à l'Espagne en longeant le littoral. Plus de 100 000 km de voies publiques : c'est un immense réseau routier que construisirent les Romains en Gaule.

La Voie Domitienne, tracée en 118 avant J.-C., par Cneus Domitius Abenobarbus, proconsul de la province Narbonnaise, devint, de route militaire vers l'Espagne, voie commerciale et de communications qu'empruntèrent, les premiers, les services de coureurs à pied et à cheval. Elle fut un facteur essentiel de développement de la vie économique locale. Sa construction occasionna un vaste chantier et exigea de gros moyens.

On procéda sous l'empereur Auguste, puis sous Antonin, à un bornage systématique tous les milles (environ 1,5 km). Les bornes milliaires indiquaient le millier de pas. Sur l'aire de repos de Lapalme (N 9), un tronçon de voie a été reconstitué grandeur nature, jalonné par un moulage du XXII$^e$ milliaire accompagné d'une signalisation pédagogique.

### ✠ LE VENT, LA PIERRE ET LE SOLEIL

Le sentier s'élève et accède aux premiers reliefs des Corbières, dans un âpre paysage. Le plateau qui surplombe la mer, entre Sigean, Roquefort et Fraisse-des-Corbières, arbore un visage grave, marqué par le temps. Une rare végétation laisse de grands espaces dénudés peuplés d'arbres morts. Le paysage est ici composé d'éboulis, de combes lunaires où l'on accède par d'antiques chemins : chaos de vallées, de vagues rocheuses, de canyons, de torrents asséchés aux lits rocailleux, de ravins, royaume du vent et de l'éclat de la pierre au soleil, tous caractéristiques du paysage des Corbières. L'aridité du pays serait le fait des déprédations dues aux hommes et à leur bétail ; il recèle pourtant de grandes ressources en eau : tout un réseau de rivières souterraines creusées dans le calcaire, qui ressurgissent parfois pour donner de beaux ruisseaux dans les vallées. La garrigue règne ici en maîtresse et couvre les collines déshéritées. Au printemps, c'est une féerie de plantes odorantes et de fleurs colorées : graminées, monnaies du pape, genêts, chèvrefeuilles, chardons et câpriers, et le thym, l'aspic, la lavande, le romarin, la myrte, le genévrier de Phénicie.

### ✠ À DURBAN, LES VIGNES ASSAILLENT LE CHÂTEAU

Peu à peu, le sentier chemine à travers les collines jusqu'à Durban-Corbières : le relief tourmenté s'accentue et devient repaire de sangliers dont la

**Les éoliennes de Roquefort-des-Corbières et l'église Saint-Martin**

chasse est très prisée en hautes Corbières. Dans la vallée de la Berre, voici Durban dominé par les ruines de son château seigneurial. Il apparaît dès le xe siècle avec ses premiers seigneurs de Durban. Une enceinte fortifiée munie d'une tour-porte protégeait le village. Par le sud, une calade* donne accès aux mines de cette forteresse. À droite sont d'abord visibles les restes d'une salle voûtée, puis celles d'une tour carrée. Au nord, une grande pièce conserve des fenêtres à meneaux* du XVIe siècle, aménagées dans une construction plus ancienne. Dans le prolongement ouest, une salle voûtée est à demi enterrée. Plus au sud se trouvent l'ouverture d'une citerne et les restes d'une tourelle circulaire transformée en pigeonnier. L'état de délabrement du monument s'explique par sa vente en 1873 et son utilisation comme carrière. L'église du village n'est rien d'autre que l'ancienne chapelle castrale*. Près du cimetière se trouve la chapelle gothique Saint-Hippolyte, petit oratoire du XVe siècle. Durban est aujourd'hui le cœur d'une région viticole renommée, dans un environnement de collines à végétation méditerranéenne.

## ✸ CATHARES ET CATHARISME

Le Moyen Âge voit se lever, à partir de l'an mil, des pulsions chrétiennes différentes du catholicisme romain, et dont la plupart sont décrétées « hérétiques ». Le catharisme est le seul, parmi ces mouvements évangéliques dissidents, à constituer une véritable Église chrétienne, avec sa métaphysique, son sacrement (le consolament*), son clergé (les « Chrétiens », « Bons Hommes » ou Parfaits ou Parfaites).

Christianisme sans croix, mais fondé sur les Écritures saintes, il propose une voie du Salut qui n'est pas celle du catholicisme. Dualiste, il voit en ce « bas monde » la créature du Mauvais, dont les âmes divines, emprisonnées, doivent se libérer par l'éveil de l'Esprit : le sacrement du consolament, ou baptême par l'Esprit et le feu, fut enseigné par le Christ à ses apôtres. Au Bien seul appartient l'éternité. Le mal n'a que le temps, en ce monde transitoire et corruptible, pour se manifester. Il aura une fin et toutes les âmes seront sauvées.

Cette contre Église se répandit à travers toute l'Europe. En France, c'est dans le domaine occitan qu'elle s'installa de manière privilégiée, et tout particulièrement dans le comté de Toulouse, le comté de Foix et les vicomtés Trencavel de Carcassonne, Béziers, Albi et Razès, dès le milieu du XIIe siècle. Son implantation sociale y fut telle qu'elle apparut très vite pour l'Église romaine comme une rivale dangereuse, qu'il fallut éliminer par la force puisque la persuasion ne savait prévaloir : croisade contre les Albigeois, institution de l'Inquisition en Occitanie, mais aussi en Champagne, Rhénanie, Italie du nord ; création des ordres mendiants pour reprendre, dans des termes voisins, la pastorale* des Bons Hommes devenus clandestins et peu à peu éliminés par la répression systématisée.

Le dernier Bon Homme occitan connu, Bélibaste, fut brûlé à Villerouge (Termenès) en 1321. En Italie du nord, les archives de l'Inquisition conservent des dépositions dualistes du début du XIVe siècle. En Bosnie, le catharisme, religion tolérée et même dominante, s'absorba sans problème dans l'Islam après la conquête turque (fin XVe siècle).

Le « Pays cathare » occitan recouvre les zones d'influence de cinq églises ou évêchés, dressées dans la seconde moitié du XIIe siècle et au début du XIIIe : Carcassès, Toulousain, Agenais, Albigeois et Razès. C'est dans le triangle Toulouse-Albi-Carcassonne que les lieux de vie cathares furent les plus denses. Les événements militaires liés à la croisade ont seuls attiré le regard vers les châteaux forts ; les Cathares, quant à eux, préfèrent séjourner dans des bourgs ruraux, ouverts au commerce, à l'artisanat et à la plus large prédication.

Anne Brenon

## ✸ CETTE PESTE D'ÂME EMPIRAIT CHAQUE JOUR

Vous avez tous eu vent de la gent hérétique.
Vous savez que ces fous (Dieu veuille les maudire)
tenaient en pogne les Albigeois, le Carcassès et la
plus grande part des terres lauragaises.
De Béziers à Bordeaux, pas un chemin qui n'aille
à de ces mal croyants et pas un seul village qui ne
pue peu ou prou la mauvaise parole.
Quand le souverain pape et son Église virent
que cette peste d'âme empirait chaque jour,
croissait, prenait vigueur, poussait Dieu hors des
cœurs, mission fut confiée à l'ordre des Cîteaux de
guérir le pays. Légats, prêcheurs et moines furent
partout mandés là où la foi n'était plus.

Je vous le dis cinq ans durant, ces égarés
reniflant les sermons comme pommes pourries,
suivirent leur chemin fautif, obstinément.
Cette engeance ahurie ne voulut rien entendre.
Par sa faute la guerre fut, et maint charnier
nourrira les corbeaux avant qu'elle ne finisse.
C'est ainsi, on n'y peut rien faire.

(Extrait de Guillaume de Tudèle)

🥾 28,0 km　⧗ 7h00　⛰ 800 m　**2ᵉ étape**

# → Durban-Corbières
# → Tuchan

*Sainte-Raphine*

Cette deuxième étape traverse les Corbières viticoles de part en part. Ici, la vigne gagne sur la garrigue, couvrant vallées et coteaux, favorisée par la nature du sol et le climat propices à la production d'excellents crus. Au-dessus des vignobles, sur les chaînons calcaires, abrupts, et les plateaux arides, s'accrochent chênes verts, genévriers de Phénicie, cades et kermès. Cette partie du parcours comporte la découverte de châteaux comme Nouvelles, Aguilar, Domneuve. Dans cette étape apparaît la ligne de défense des « Marches d'Espagne » à l'horizon sud du massif des Corbières, toute crénelée de forteresses montant la garde sur la frontière de l'Aragon. Prétendument cathares, et bien que leur construction soit souvent antérieure à la Croisade, les ruines des fortifications actuelles sont celles de forteresses royales.

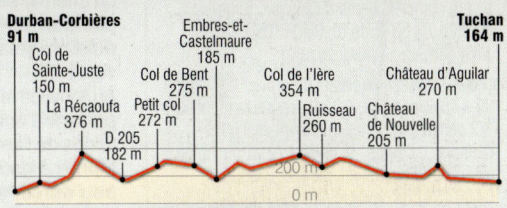

Profil : Durban-Corbières 91 m — Col de Sainte-Juste 150 m — La Récaoufa 376 m — D 205 182 m — Col de Bent 275 m — Petit col 272 m — Embres-et-Castelmaure 185 m — Col de l'Ière 354 m — Ruisseau 260 m — Château d'Aguilar 270 m — Château de Nouvelle 205 m — Tuchan 164 m

Bien entendu, ce nouveau tronçon, très long et assorti d'un dénivelé de 800 m, peut se scinder en deux parties en choisissant de faire halte à Embrès-et-Castelmaure.

## RENSEIGNEMENTS PRATIQUES

- IGN 2547 OT Durban-Corbières et 2447 OT Tuchan, au 1/25 000

### EMBRES-ET-CASTELMAURE (11360)
- → www.cc-corbieres.fr
- → GE, 7 pl., 30 €/p., pdj compris, coin cuisine, Giselle Vidal, 6 rue de la Mairie, 04 68 45 92 70
- → CH L'Embresienne, 5 ch. de 2 à 7 p., à partir de 150 € la ch. pour 2 nuits, Brigitte Robert, 11 route de Villeneuve, 04 68 45 81 74, embresienne@orange.fr, www.embresienne.fr

### TUCHAN (11350)
- → Tous services en restauration et alimentation

Le château d'Aguilar

pour un chemin à droite, le long d'une haie de cyprès. Descendre droit devant pour vous rapprocher du…

**3.05** **11,7 km** Village d'**Embres-et-Castelmaure** (185 m). Emprunter la rue principale à droite et suivre ensuite le chemin de la Fontaine (point d'eau près du Foyer communal). Monter toujours sur cette voie goudronnée qui gravit une combe viticole. En haut, garder la voie de droite au Y pour passer le col de Laval. Rester sur la petite route pour plonger sur le versant opposé. En bas, au terme du goudron (cabane), passer un gué cimenté sur votre droite pour suivre maintenant le chemin principal sur la rive opposée. Avancer sur cette large piste en fond de vallée.

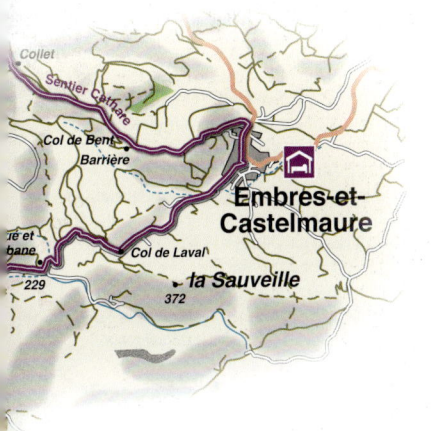

600 m plus loin, rester sur le chemin de droite pour passer devant un mas. La piste coupe deux lits de ruisseaux et débute une nouvelle ascension. 500 m plus haut, à l'intersection en Y des Fangassous, continuer à gauche sur la large piste. Elle grimpe progressivement et sans difficulté vers le…

**4.15** **16,5 km** **Col de l'Ière** (354 m). Carrefour de plusieurs chemins. Ignorer toutes les pistes et emprunter en face un sentier au départ peu marqué qui plonge vers une vallée. Il passe près d'une ruine et rejoint le fond du vallon : suivre une piste sur la gauche. Le chemin longe quelques vignes isolées en fond de combe.

**4.30** **17,6 km** Laisser à gauche le **chemin du mas de la Brousse** et traverser le lit d'un ruisseau intermittent (260 m). Peu après, au carrefour en Y, choisir la piste qui monte sur la gauche. Elle grimpe en lacets sur le flanc nord-ouest du Grand Bosc et pénètre dans la forêt domaniale des Corbières orientales (panneau).

Plusieurs minutes après le panneau marquant l'entrée dans la forêt domaniale, avant que la piste ne décrive une grande courbe sur la gauche, repérer sur la droite un sentier balisé qui plonge dans la végétation, sur la droite. Il faut donc abandonner la piste à cet endroit pour suivre la sente discrète qui sillonne dans la végétation puis s'en va traverser les deux combes des ruisseaux asséchés de Boutarigues Grandes et Petites. Il franchit plus loin un collet, descend au sud-est sur l'autre versant et, par une bordure de vigne, rejoint droit devant le…

**5.30** **21,5 km** **Château de Nouvelle** (205 m). Laisser la propriété privée sur votre gauche et marcher sur la voie goudronnée à droite une bonne vingtaine de minutes, jusqu'à la première intersection. Là, emprunter à gauche une petite route passant sur un pont métallique, puis au pied des ruines du château de Domneuve.

La route décrit un virage sur la gauche autour du château. Lorsque ce dernier se trouve sur votre gauche, tourner à droite et aussitôt à gauche sur un chemin qui remonte au milieu des vignes. Demeurer sur le chemin principal (celui du milieu) pour passer un col et accéder au…

**6.15** **24,5 km** Parking du **château d'Aguilar** (270 m). Accès en cinq minutes. Descendre à droite sur la route d'accès. Dès les premiers virages, un chemin sur la gauche coupe un lacet. Retrouver la route en contrebas et la suivre désormais. Aux intersections, aller à gauche, puis tout droit jusqu'à la D 39. Longer la départementale à droite pour parvenir au…

**7.00** **28,0 km** Centre de **Tuchan** (164 m).

## LES CORBIÈRES : MASSIF ÂPRE ET SOLITAIRE

La bordure nord-est de la chaîne des Pyrénées correspond à la zone des Corbières et des Pyrénées audoises. Des calcaires durs, qui la soulignent en de hautes falaises blanches, entrecoupées de cuvettes, en forment l'ossature.

Les Corbières, qui couvrent un tiers du département, constituent une entité géographique originale. Son aspect est celui d'un massif âpre et solitaire. Le paysage se compose de collines ravinées, de monts hérissés de pentes rocailleuses et de rocs dénudés, de hautes terres rouges où se dispersent hameaux et villages typiquement méditerranéens.

Ces perspectives chaotiques ne rendent pas son approche aisée, les routes y étant, en outre, peu fréquentées. Repliées sur elles-mêmes, les Corbières ont su préserver une authenticité qui leur confère un attrait particulier.

Une autre caractéristique tient à la violence des vents. Le cers ou tramontane (vent du nord) et le marin (vent de la mer) s'y disputent la place. Les Corbières riment naturellement avec lumière. La diversité géologique, climatique et végétale divise ce vaste massif en trois grandes zones. Si la végétation maritime des Corbières orientales est rase, le couvert végétal des Corbières occidentales est plus dense (chênes pubescents, arbousiers et pins d'Alep). Plus loin, les hautes Corbières se couvrent de chênes verts et en moindre proportion de châtaigniers, de hêtres et de plantations plus récentes de conifères (cèdres, épicéas). Le Sentier Cathare serpente au cœur même de ces contrastes. Depuis le début de l'exode rural, les landes, les friches et les garrigues ont pris la place des terres jadis cultivées. Tout un petit monde animal y vit : insectes et batraciens, reptiles… et des mammifères tel le lapin, l'écureuil, le renard et le sanglier. Traqué dans cette région durant tout l'hiver par les chasseurs, ce dernier finit le plus souvent en civet, dans les marmites des auberges, l'une des spécialités locales avec la fricassée*.

## LES MARCHES D'ESPAGNE

Le Moyen Âge fut, pour les Corbières, une époque marquante avec l'installation du pouvoir royal perceptible dans l'architecture de certains châteaux. Ces forteresses, juchées sur des pitons rocheux auxquels elles se confondent, sont autant de sites d'une fascinante beauté, à découvrir au fil des étapes. Si ces châteaux comptent parmi les mieux conservés, c'est parce qu'ils furent reconstruits sur ordre du roi de France à la fin du XIIIe siècle dans un but stratégique. Aguilar, Quéribus, Peyrepertuse, Termes et Puilaurens devinrent les éléments d'une longue ligne défensive de la mer à Montségur : les « marches d'Espagne ».

Cette région entre Corbières et Fenouillèdes resta zone frontière du royaume de France de 1258 (traité de Corbeil, où le roi de France abandonne ses droits sur le Roussillon et Barcelone) jusqu'en 1659, date à laquelle le Traité des Pyrénées repoussa la limite du pays plus au sud, pratiquement où nous la trouvons aujourd'hui. Par là même, il fit perdre aux châteaux tout leur intérêt stratégique, les vouant à l'abandon progressif.

## LES FORTERESSES ROYALES

L'ensemble formé par les forteresses royales des Corbières, et dont on retrouve l'influence dans les détails architectoniques* des châteaux féodaux comme Villerouge-Termenès, Arques, le Palais Épiscopal de Narbonne, etc., a pu faire croire à une sorte d'école d'architecture militaire occitane, languedocienne. Il n'en est rien, cette homogénéité est historiquement explicable. Le Languedoc nouvellement conquis voit affirmer par ces forteresses la présence du pouvoir royal, de Najac à Puylaurens, d'Aigues-Mortes à Carcassonne.

Pour élever ces constructions, les architectes royaux utilisent un répertoire de formes et de recettes de chantier apprises dans le domaine royal, et qui seront encore utilisées au siècle suivant. De fait, l'essentiel des constructions militaires royales des règnes de Saint Louis, Philippe le Hardi et Philippe le Bel, s'est porté sur le Languedoc, mais on peut trouver quelques éléments en tous points identiques à ceux qui sont l'objet de notre étude dans d'autres régions […]. Très vite, cette cuirasse ne semble pas devoir servir ; les excellentes relations entre le royaume de France et les royaumes d'Aragon et de Majorque mettent en sommeil pour un temps ces grandes forteresses.

(Extrait de Lucien Bayrou)

## LE « CASTRUM DE NOVELLIS »

Résidence seigneuriale, le château de Nouvelles dépendait de Tuchan. Il est aujourd'hui très miné, et ses dépendances ont été transformées. Elles abritent l'une des plus anciennes caves particulières de l'Aude, marque de vin réputée, mais la visite des mines est déconseillée car très dangereuse. Le donjon roman, quadrangulaire, haut d'une vingtaine de mètres, est construit en appareil soigné et régulier. Il est percé à mi-hauteur, sur sa face nord-est, d'une porte en plein cintre* qui donnait accès au 1er étage. Le rez-de-chaussée est aveugle, voûté en berceau*. L'enceinte contient aussi les vestiges de logis et de la chapelle castrale* Saint-Martin. Le castrum de Novellis appartenait à l'abbaye de Lagrasse (première mention en 1119); il fut ensuite tenu en fief par la maison de Carcassonne et inféodé en 1123 par Bernard Aton, vicomte de Carcassonne, au seigneur Guillaume de Durban. Il fut restitué à Lagrasse en 1215.

### ✠ LES MILLE ANS DE DOMNEUVE

Vers l'an mil, Domneuve appartenait aux archevêques de Narbonne. Le château est situé au milieu des vignes qui ont remplacé l'habitat médiéval. Il présente l'aspect d'une grande enceinte polygonale entourant un donjon effondré. Connu depuis le IX$^e$ siècle, le lieu a appartenu à l'abbaye de Fontfroide. Les incursions espagnoles des XVI$^e$ et XVII$^e$ siècles provoquèrent sa destruction. Il est possible de pénétrer à l'intérieur du périmètre fortifié par les parties effondrées. Des amas de décombres subsistent, accolés au parement interne de l'enceinte. Côté ouest, elle est percée de nombreuses ouvertures de tir. Au centre ne subsiste qu'un angle d'une construction minée.

### ✠ AGUILAR : RÉVOLTE ET SOUMISSION

Primitivement dans la mouvance des comtes catalans, jusqu'à la fin du XI$^e$ siècle, Aguilar fut ensuite possession carcassonnaise, puis inféodé à la famille de Termes. Après la soumission du château de Termes en 1210, il passera, comme l'ensemble du fief, aux mains des Français. À la mort de Raymond de Termes, son fils Olivier, réfugié en Aragon, participera à la révolte des Trencavel (1228), se soumettra au roi, se verra restituer ses terres en 1240, Aguilar en 1250, et finalement vendra le château à Louis IX en 1260. Bertrand d'Aguilar participa au massacre des inquisiteurs à Avignon et se rendit à Montségur. Le traité de Corbeil fera d'Aguilar un bastion de la couronne de France, occupé par une garnison de douze mortes-payes sous les ordres d'un châtelain aux gages du roi. La forteresse est rayée du tableau des places de guerre dès 1597, alors que les autres châteaux de la frontière vont être réparés.

Inabordable par le sud et bordé de ravins à l'ouest, le château bloquait l'accès aux Corbières centrales car sa mission était double : surveiller la frontière, mais aussi protéger Carcassonne.

Les ruines d'Aguilar, lieu d'une beauté poignante, couronnent un piton rocheux à 296 mètres d'altitude, à 3 km à l'est de Tuchan. L'enceinte polygonale et le donjon primitif de la seconde ceinture de fortifications construite après la Croisade sous

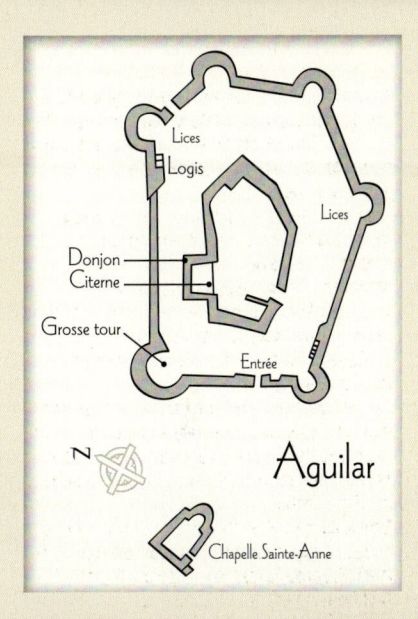

Philippe III le Hardi sont les seuls vestiges encore visibles.

Une petite route goudronnée sur 2 km à travers vignes et débouchant sur la D 611 accède au château. Aborder par l'entrée principale, côté ouest, plutôt que par la poterne au nord-est.

La première enceinte est un hexagone flanqué de tours semi-circulaires, à base talutée* et pierres à bossage*. L'entrée est précédée d'une barbacane* minée. On distingue encore le logement de la herse, des barres, une guérite et un porte-voix. Des lices* séparent la première enceinte de la seconde. Des escaliers permettaient d'accéder aux courtines dont la défense au XIII$^e$ siècle, était fractionnée en secteurs courts et isolés. Les tours ouvertes à la gorge*, d'environ cinq mètres de diamètre, avec rez-de-chaussée et étage, sont armées d'archères* dites « en étrier », pour le tir plongeant. Une rampe conduit à la construction primitive, laquelle possède une citerne et un donjon ruiné.

À l'extérieur de l'enceinte, vers l'ouest, la chapelle romane dédiée à sainte Anne est bien conservée : elle est couverte d'une voûte en plein cintre* et éclairée d'une étroite fenêtre.

### ✠ TUCHAN : DE SANG, D'HUILE ET DE VIN

Tuchan, qui avait été la propriété de Bernard Aton de Carcassonne, en 1084, devint celle d'Olivier

de Termes. Les terres de ce dernier furent saisies après la Croisade et données en 1215 au nouveau seigneur de Termes, Alain de Roci. À partir de 1260, Tuchan passa dans les domaines de l'abbaye de Fontfroide. C'est donc à l'abbé de Fontfroide, leur seigneur direct, que les habitants de la communauté de Tuchan rendaient hommage. Leur besoin de protection les poussa à édifier des fortifications : il en subsiste la porte, au centre du village. En 1525, Tuchan fut rasé par les Espagnols.
Ce bourg fut renommé pour le commerce de l'huile ; il l'est aujourd'hui pour ses vins.

### ✠ LE GRAU DE PADERN

Le Grau de Padern marque la limite méridionale du Tauch, étroit défilé sous le mont qu'entame le Verdouble. Le site est extraordinaire. La route reliant Tuchan à Padern est tracée ici à flanc de ravin, surplombant des gorges très pittoresques. Au pied des escarpements, on distingue, à gauche, des aménagements inattendus, abris-sous-roche protégés par des murs de pierres, et qui furent occupés dès la préhistoire.

### ✠ LE MONT TAUCH : LA MONTAGNE AU TRÉSOR

Cette montagne sauvage au nord-ouest de Tuchan mérite la découverte. Elle demande une ascension de deux heures par le ravin de la Glacière, à travers buis, lavande, garrigue, collines et combes. Le Tauch est un mont pelé et désertique au relief fissuré que ceinturent les ruisseaux du Verdouble et du Torgan. Balayé par le vent et écrasé de soleil, il offre plusieurs belvédères sur les Corbières et la mer : roc Fourcat, Pech de Fraisse (942 m d'altitude), Tour des Géographes (tour de télécommunications), et le Tauch nord. L'unique forêt d'ifs du département a disparu lors du gigantesque incendie de l'été 89.
Là, comme en d'autres lieux des Corbières, étaient extraits divers minerais : plomb, fer, cuivre… ainsi que l'or et des métaux précieux. Les revenus provenant de ces mines entraient directement dans les bourses des familles seigneuriales. Peut-être était-ce là une des raisons expliquant les perpétuels conflits les opposant pour le contrôle de certaines terres ?

### ✠ PADERN, UN CHÂTEAU RECONSTRUIT AU XVIIᵉ SIÈCLE

Le village de Padern, à six kilomètres de Tuchan, s'échelonne en gradins le long du Verdouble qui rencontre là le Torgan. Le château actuel n'a rien de commun avec le vieux castrum*, car il fut pratiquement reconstruit au XVIIᵉ par la famille de Vic, gouverneur du château royal de Termes et viguier du roi dans le Fenouillèdes, qui, après rachat de la forteresse à l'abbaye de Lagrasse, resta maître des lieux de 1579 à 1706. Le monument montre un aspect imposant avec sa haute enceinte polygonale en petit appareil* irrégulier. L'accès au château se fait par l'est, en partant du village et en passant devant la chapelle Saint-Roch. Chaque année, une messe y est célébrée le 16 août. Un cantique rappelle l'épisode douloureux de la peste de 1348 à 1375 : « Garde-nous de la peste saint Roch… »
Au pied du château, à l'est, une rampe de terre bordée par un muret permet d'accéder dans le secteur de l'ancienne entrée. On pénètre alors dans une cour envahie de matériaux éboulés. Dans l'angle nord-est s'élèvent encore les vestiges d'une tourelle circulaire qui contenait l'escalier à vis pour accéder aux étages du donjon aujourd'hui miné. Dans la tourelle, à droite, deux marches donnent accès à des latrines en surplomb sur le vide. L'intérieur est éclairé par deux grandes ouvertures côté est. Côté nord, dans un réduit, un mâchicoulis* faisait office de vide-ordures. De retour dans la cour, on passe entre le donjon et un logis éclairé par deux ouvertures. Le mur nord porte des traces d'arrachement d'une cheminée. Un mur aujourd'hui miné divisait en deux l'extrémité nord du château. Du château, on découvre une vue intéressante sur le village et ses environs.

## 23 km — 6 h 15 — 750 m — 3ᵉ étape

# → Tuchan
# → Duilhac-sous-Peyrepertuse

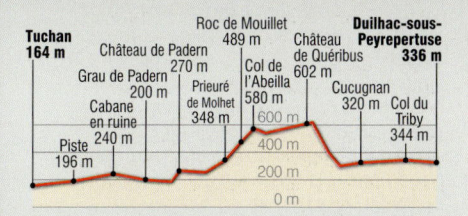

**Profil de l'étape :**
- Tuchan 164 m
- Piste 196 m
- Cabane en ruine 240 m
- Grau de Padern 200 m
- Château de Padern 270 m
- Prieuré de Molhet 348 m
- Roc de Mouillet 489 m
- Col de l'Abeilla 580 m
- Château de Quéribus 602 m
- Cucugnan 320 m
- Col du Triby 344 m
- Duilhac-sous-Peyrepertuse 336 m

**Ultime refuge** des Parfaits dans la guerre des châteaux, le donjon de Quéribus domine de sa masse une troisième étape propice à la contemplation. Cette partie du Sentier Cathare permet d'admirer un paysage étrange fait de parois calcaires où s'accrochent les châteaux sentinelles, de garrigues touffues et de vignobles donnant l'excellent vin qu'appréciait, dit-on, le légendaire curé de Cucugnan. Étant donné la difficulté des deux premières étapes, il est recommandé aux randonneurs peu entraînés de commencer leur parcours à Tuchan. Cette étape est certainement la plus belle des Corbières.

## RENSEIGNEMENTS PRATIQUES

● IGN 2447 OT Tuchan, au 1/25 000

### ✤ CUCUGNAN (11350)

→ www.cucugnan.fr

→ Restauration rapide, restaurants, boulangerie, épicerie

→ Auberge du Vigneron, 5 ch., grand confort de 90 à 160 € selon le nombre de personnes., pdj 12 €, repas 21 €, panier-repas sur commande 9 €, mi-mars à mi-nov., Michèle Fannoy, 2 rue Achille-Mir, 04 68 45 03 00, www.auberge-vigneron.com

→ Auberge de Cucugnan, 6 ch., 50 €/2 p., pdj 7 €, repas 18 €, panier-repas 7 €, fermé jan. et fév., Philippe Villa, 2 place de la Fontaine, 04 68 45 40 84, www.auberge-de-cucugnan.com

→ CH L'Amandière, 2 ch., 45 €/p., 52 €/2 p., pdj compris, Marie-Josée Séguy, 3 chemin de la Chapelle, 04 68 45 43 42, www.villa-amandiere.monsite-wanadoo.fr

→ CH Les Santolines, 3 ch., 55 €/2 p., pdj compris, Patrick Mounié, rue Alphonse-Daudet, 04 68 45 19 05 / 04 68 45 00 04, www.les-santolines.fr

→ CH L'Écurie de Cucugnan, 5 ch., 60 à 65 €/2 p., pdj compris, Joël Gauch, 16 rue Achille-Mir, 04 68 33 37 42, www.cucugnan.fr/commerces/chambre-d-hotes

→ CH Le Rampaillou, 2 ch., 55 €/2 p., pdj compris, Frédéric Rojas, 04 68 45 74 40, www.cucugnan.fr/commerces/chambre-d-hotes

→ HR La Table du Curé, 3 ch., de 60 à 70 €/2 p., pdj 8 €, repas 17,50 €, 1 chemin de Padern, 04 68 45 01 46,

→ CH La Tourette, 8 pers., perriercorinne@sfr.fr, 04 68 45 07 39, www.latourette.eu www.hotel-auberge-gite-hebergement-restaurant.auberge-la-table-du-cure.com

### ❖ DUILHAC-SOUS-PEYREPERTUSE (11350)

→ www.chateau-peyrepertuse.com
→ Restauration rapide, restaurants, boulangerie, épicerie
→ GE communal, 19 pl. en 3 dortoirs, 10 €/p., coin cuisine, Solange Moulin, 18 rue de la Fontaine, 04 68 45 01 74
→ GE L'Embellie Cathare, 14 pl., 1/2 pension 40 €/p., Erik Ortala, 6 rue des Écoles, 04 68 45 03 10, www.embelliecathare.com
→ CH La Claouzo, 1 ch., 48 €/2 p., pdj compris, panier-repas 10 € (sur réservation), Christelle Rouchon, 04 68 45 09 79, www.chambre-peyrepertuse.wifeo.com
→ CH Les Lavandes, 2 ch., 50 €/2 p., pdj compris, panier-repas 10 €, Marie Christine Sigalat, 3 ancienne route du Château, 04 68 33 70 12
→ H du Vieux Moulin, 14 ch., 59 à 69 €/2 p., pdj 8 €, mi-mars à mi-nov., Michèle Fannoy, 24 rue de la Fontaine, 04 68 45 03 00, www.auberge-vigneron.com

## 0.00 Tuchan (164 m).
Traverser le village en direction de Paziols. À la sortie, tourner à droite le long du mur du cimetière. Lorsque la voie goudronnée vire à droite, poursuivre en face sur le chemin en pierre. À l'intersection qui suit, choisir le sentier caillouteux à droite.
On retrouve près d'une cabane un chemin empierré qu'il faut suivre à gauche, puis prendre à droite au Y suivant. Marcher désormais tout droit en laissant de part et d'autre les chemins annexes et même une voie goudronnée venant de la gauche. Parvenus sous une ligne électrique, au carrefour, bifurquer à gauche pour rejoindre la route.

## 0.30 2,5 km
Longer la **D 14** à droite sur 500 m. Face à une cabane ruinée (196 m), emprunter une piste sur la droite et avancer vers la base d'un piton rocheux caractéristique (aller à gauche au premier Y). À ses pieds (ruines), ignorer une portion goudronnée et descendre légèrement sur la gauche sur un sentier raviné. Marcher ensuite tout droit entre les vignes sur un chemin qui traverse une première combe. Puis il passe entre un muret et une vigne (terrain privé – panneaux).

## 1.00 4,5 km
Au bout d'une vigne, passer un portillon en métal pour franchir le ravin du Rec des Lanes. C'est désormais un sentier horizontal qu'il convient de suivre. Par un joli cheminement en terrasse sous le Roc Fourcat, rejoindre ainsi un collet où le sentier vire au nord-ouest pour descendre, par un bel itinéraire rocheux, vers le…

## 1.30 6,2 km Grau de Padern (200 m).
Site calcaire remarquable. Longer le goudron à droite, et, juste avant le pont, prendre le chemin en face. Au croisement en Y qui suit, continuer à droite. Au bout du pré (ruine à droite), opter pour le sentier en face entre bambous et genêts. Il parvient à un chemin goudronné que l'on suit à gauche, toujours tout droit, vers Padern.

## 1.45 7,6 km
Un **gué cimenté** enjambe le Verdouble et donne accès **à Padern** (195 m). Point d'eau à côté de la mairie. Sur la placette de l'église, prendre la ruelle pavée qui grimpe à droite de l'édifice. En haut, aller chercher sur la gauche la montée Saint-Roch (escaliers). Une allée cimentée permet d'accéder à la chapelle Saint-Roch, restaurée. Le chemin continue à monter au-dessus de l'édifice et rejoint le…

## 1.55 8,1 km Château de Padern
(270 m). Sur l'autre versant, descendre sur le chemin qui vous fait face. En bas, suivre un nouveau chemin qui remonte à

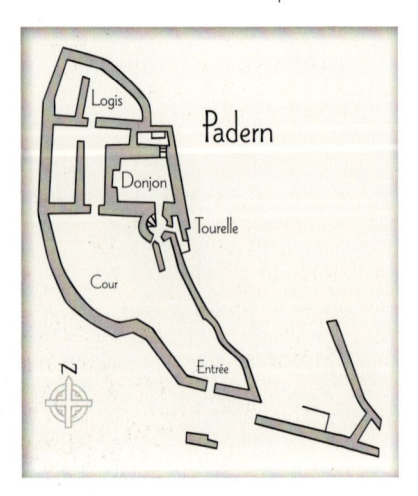

*Des vignes, encore des vignes*

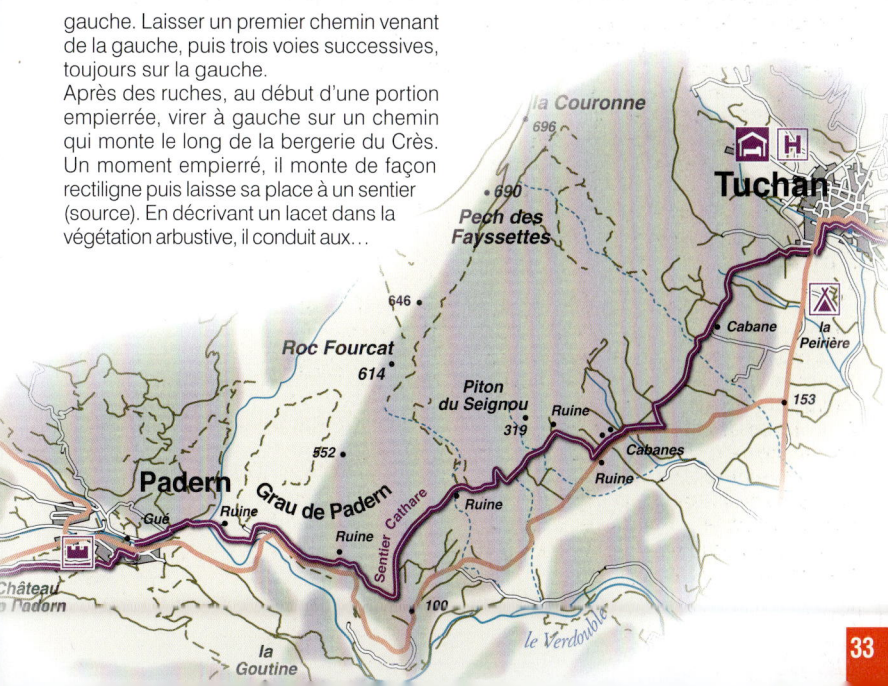

gauche. Laisser un premier chemin venant de la gauche, puis trois voies successives, toujours sur la gauche.
Après des ruches, au début d'une portion empierrée, virer à gauche sur un chemin qui monte le long de la bergerie du Crès. Un moment empierré, il monte de façon rectiligne puis laisse sa place à un sentier (source). En décrivant un lacet dans la végétation arbustive, il conduit aux…

**2.45  10,8 km** Ruines du **prieuré de Molhet** (348 m). Poursuivre sur le sentier qui remonte une croupe panoramique (plein sud) et rejoint plus haut, près de la ligne électrique, un chemin que l'on suit à droite.

**3.05  13,7 km** Replat herbeux du **Roc de Mouillet** (489 m). Choisir le chemin qui monte à gauche. Il s'en va décrire un grand lacet au pied d'un pylône H.T. et vous hisse au…

**3.20  12,4 km Col du bois de l'Abeilla** (580 m). Très belle vue sur la vallée du Verdouble, Cucugnan, Peyrepertuse et au fond sur le Pech de Bugarach.
Sur l'autre versant, descendre à droite à la première intersection, on aperçoit le château de Quéribus. 400 m plus loin, un sentier à droite coupe un lacet de la piste et la retrouve derrière la croupe : continuer à droite. Parvenus à un collet (la Sagette ; barrière canadienne), continuer à gauche vers Quéribus (flèche) sur une piste quasi-horizontale qui suit la ligne de crête, côté sud.

**4.05  15,5 km** Parking du **château de Quéribus** (602 m). (Pour effectuer la visite du château, compter au moins 45 min supplémentaires.) Monter au sommet du parking, trouver un chemin pierreux. Il franchit un mamelon et laisse sa place à un sentier qui sillonne dans la végétation, puis plonge résolument vers la gauche, en direction de Cucugnan, en dévalant des escarpements rocheux. Très beaux points de vue dans la descente.
Cinq minutes après deux virages en épingle, attention, il faut abandonner ce sentier pour un itinéraire bis : plonger donc à droite dans une petite clairière (marches en bois), vers des affleurements de terre rouge. Bien suivre le balisage bleu et jaune et les marches pour ne pas dégrader le terrain. Descendre ainsi au milieu de la végétation arbustive en glissant progressivement sur les ocres pour tomber plus bas sur une piste, que l'on empruntera à droite.
Parvenus dans le virage d'une voie goudronnée, la suivre à gauche puis à droite à travers les vignes, et enfin à gauche en bas.

**5.00  18,5 km** Traverser la D 14 et monter dans le village de **Cucugnan** (320 m).

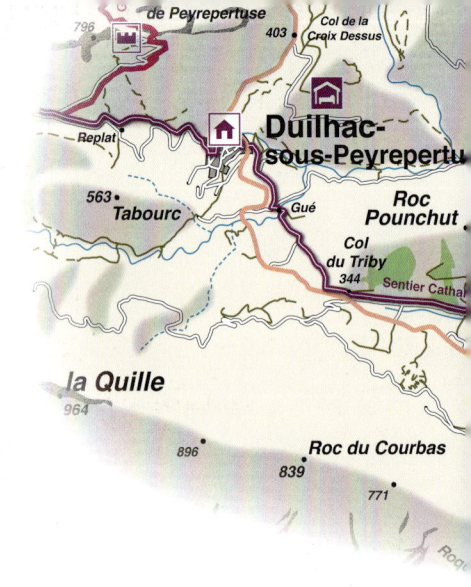

Traverser le bourg et descendre jusqu'à l'office du tourisme. Là, prendre à droite une voie goudronnée située entre la cave, la miellerie et la D 14. Grâce à elle, traverser les vignes ; aller à droite au premier Y puis toujours tout droit, jusqu'à atteindre le…

**5.45  21,2 km Col du Triby** (344 m). Laissez la route à 20 m à gauche et suivre un chemin à droite (vigne) et aussitôt à gauche (entre les chênes). La descente se prolonge à droite sur un bon chemin empierré. Laisser une voie goudronnée à gauche et prolonger la descente à droite. En bas, après un gué en béton, on atteint une petite route. La traverser et prendre presque en face une autre voie goudronnée.
Au Y qui suit, choisir la branche de gauche. Un chemin succède au ciment en grimpant sur des affleurements rocheux, sous une ligne électrique. Monter sur la gauche pour atteindre la route à l'entrée de…

**6.15  23 km Duilhac-sous-Peyrepertuse** (336 m). Point d'eau sur la placette de l'église ou sur le parking de l'entrée sud. À partir de Duilhac, il est possible de continuer soit vers Camps-sur-l'Agly, Bugarach et Quillan (itinéraire nord), soit vers Prugnanes, Puilaurens et Marsa (itinéraire sud). Bifurcation au km 6,1 de l'étape 4.

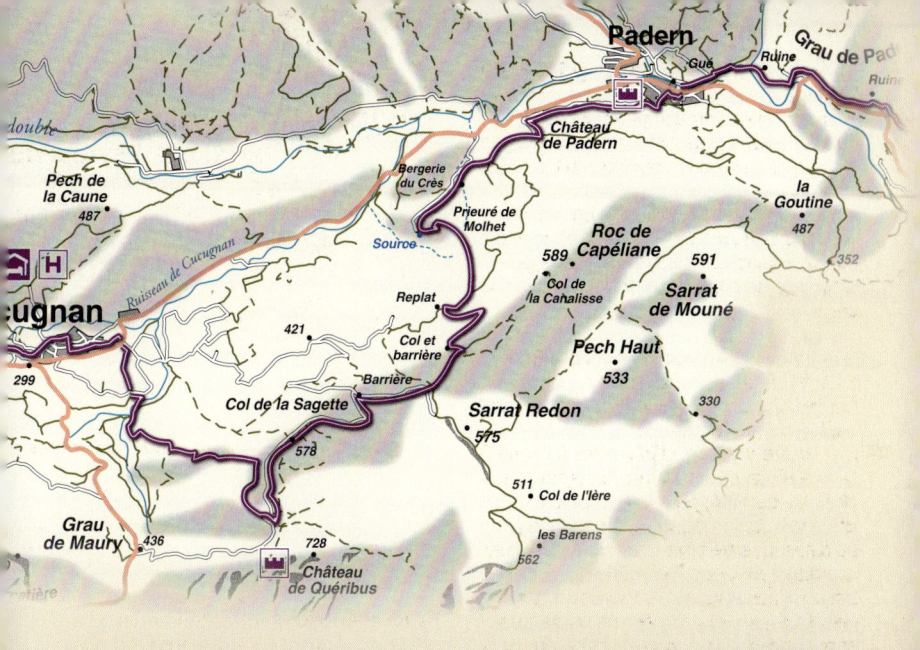

## LE PRIEURÉ DE MOLHET

Au-delà de Padern, le sentier longe les ruines de l'ancien prieuré de Molhet. Le lieu, situé au sommet d'un mamelon, est aujourd'hui abandonné et complètement envahi par la végétation. Il est difficile d'imaginer comment s'organisait la fortification entourant le prieuré. La seule partie observable à l'heure actuelle en est l'ancienne église minée, dédiée à saint Martin.

Molhet est cité dès 1024 en tant qu'alleu* détenu par l'abbaye de Lagrasse. En 1248, le roi Louis IX ordonna au sénéchal de Carcassonne de restituer Molhet et Padern, dont s'étaient emparés Guillaume Raymond de Peyrepertuse et Chabert de Barbaïra. L'abbaye dut néanmoins verser une forte somme pour recouvrer les deux places.

Les restes de l'église romane correspondent à une partie du mur sud de la nef* et à une partie de l'abside*.

La définition des murs est très poussée jusqu'à hauteur de cinq mètres où s'amorce une voûte recouverte de pierres meulières. Le mur de l'abside en petit appareil* de grès ocre, finement taillé, porte une décoration d'arcatures lombardes* de facture très soignée.

## PRÊTS À TAILLER MENU PATARINS ET VAUDOIS

On prend la croix dans le pays de France : quel puissant aiguillon que le pardon des fautes ! De ma vie je n'ai vu telle levée de gens prêts à tailler menu Patarins et Vaudois. Le comte de Nevers et le duc de Bourgogne, l'ordre à peine reçu, ont vêtu leur armure. Ce que coûtent les croix de fine broderie qui ornent leur poitrail est impossible à dire. Et je ne parle pas des épées, des cuirs peints, des fourreaux ciselés, des chevaux cuirassés, des armoiries frappées sur les caparaçons. Dieu ne créa lettré ni clerc assez instruit pour donner une idée du quart de leur valeur, ni pour dire combien de prêtres et d'abbés s'assemblèrent devant Béziers, parmi l'armée qui recouvrait la plaine.

## LA CROISADE CONTRE LES ALBIGEOIS

Au XII$^e$ siècle, le catharisme trouve en Languedoc un terrain favorable à son extension sans pour autant que la nouvelle croyance devienne majoritaire face au catholicisme. Avec l'avènement du pape Innocent III, l'Église de Rome réagit d'abord par des prédications qui s'avérèrent vite inefficaces. En 1208, l'assassinat par un inconnu de Pierre de Castelnau, légat du pape, précipite le cours des événements, le comte de Toulouse étant soupçonné d'avoir commandité ce crime. Après avoir convaincu le roi de France du bien fondé d'une opération militaire contre les seigneurs languedociens qui acceptaient les hérétiques sur leurs terres, la papauté invite les chevaliers nordiques à se préparer pour la guerre sainte. L'armée des Croisés prend alors le chemin de la vallée du Rhône en 1209, accompagnée par de nombreux clercs et un légat pontifical. La première opération d'envergure se porte sur Béziers. La ville est prise et livrée au massacre. À Carcassonne, le vicomte Trencavel est capturé par traîtrise durant le siège de sa ville et sa principauté revient alors à un petit seigneur d'Île-de-France, Simon de Montfort, qui prend alors la direction militaire de la croisade. Il soumet les principales places fortifiées des domaines Trencavel. Même Minerve et Termes, forteresses réputées imprenables, finissent par capituler dès 1210, seul le château de Cabaret arrive à opposer une résistance plus durable, mais est contraint de négocier une reddition provisoire en 1211.

La troisième année, la Croisade gagne les terres de Raimon VI de Toulouse. La ville de Lavaur est la première touchée après le massacre de ses défenseurs et un bûcher de 400 Parfaits et Parfaites, Montfort essaie en vain d'assiéger Toulouse. Alliés de Raimon VI, les comtes de Foix et de Comminges rentrent dans le conflit. L'année 1213 voit un nouveau rallié à la cause toulousaine, le roi Pierre II d'Aragon et comte de Barcelone. Mais son intervention n'est qu'éphémère puisqu'il trouve la mort à la bataille de Muret ; la coalition occitano-catalane qu'il dirigeait vole en éclats. L'armée de Montfort peut alors se rendre maîtresse de Toulouse. Trois ans plus tard, le fils du comte Raimon VI entame une reconquête qui provoque un soulèvement des Toulou-sains. En 1217, le « jeune comte » pénètre triomphalement dans la ville de son père, obligeant les Croisés à remettre le siège devant Toulouse. Simon de Montfort y meurt durant les combats, en 1218. Il est remplacé par son fils Amaury qui ne peut endiguer la contre-offensive occitane ; il se retire du conflit en 1224.

Le répit n'est que de courte durée : le roi Louis VIII prend la direction d'une deuxième croisade en 1226 menée contre un pays ayant déjà subi quinze ans de guerre. Le comte de Toulouse est conduit à se soumettre lors du Traité de Paris ; il est contraint de marier sa fille avec Alphonse de Poitiers, frère de Louis IX. La croisade n'avait pas pour autant fait disparaître le catharisme, mais l'Inquisition s'y appliqua à partir de 1233. En 1240, un dernier sursaut du représentant des Trencavel se solde par un échec. Avec d'autres seigneurs dépossédés, les faidits*, il assiège Carcassonne, mais ne peut reprendre la ville de ses aïeux, solidement tenue par le sénéchal du roi. Deux ans plus tard, le comte de Toulouse joue ses dernières cartes. Un commando de chevaliers faidits réfugiés à Montségur vient massacrer un groupe d'inquisiteurs cantonnés à Avignonet. Après cette opération coup de poing, Raimon VII, fort de ses alliances extérieures avec les rois d'Angleterre et d'Aragon, tente d'écarter de ses domaines l'emprise capétienne. L'entreprise ne peut aboutir, cet échec sonne le glas de toute velléité d'indépendance des princes occitans. Les derniers points de résistance politique et religieuse s'effondrent à Montségur en 1244 et à Quéribus en 1255. En 1271, la fille de Raimon VII meurt sans enfant, le comté de Toulouse est définitivement rattaché au royaume de France.

## ✝ QUÉRIBUS, SENTINELLE DES CORBIÈRES

Au-dessus de Molhet, sur la haute crête, veille le château de Quéribus. Juché au sommet d'un piton rocheux (728 m), se confondant avec la roche, le château est « posé là comme un dé sur le doigt », imposant et aérien.

La prise de Quéribus, en mai 1255, représente la dernière opération de siège dans la guerre des châteaux. Sa situation stratégique était de premier ordre. Verrouillant le passage du Grau de Maury (à 560 m) et contrôlant ainsi l'accès aux Corbières, il fut le gardien des territoires aragonais puis capétiens, commandant le Peyrapertusès.

« Il est de sçavoir aux Marches, par-deçà sur la frontière d'Aragon, est la Cité de Carcassonne qui est la mère et a 5 fils, c'est de sçavoir, Puylaurens, Aguilar Quierbus, Tertre et Perapertusa. »

Établie dès le XIe siècle, la forteresse subit de nombreux remaniements tardifs, pour devenir une importante place forte française jusqu'en 1659. Quéribus appartenait au Pays de Peapertusès et, comme Peyrepertuse, défendit la suzeraineté des rois d'Aragon jusqu'au XIIIe siècle.

Pendant la croisade, Fenouillèdes et Perapertusès sont occupés par les seigneurs faidits ne pouvant se résoudre à se soumettre à une suzeraineté étrangère. Ainsi, après la deuxième croisade conduite par Louis VIII et le Traité de Paris (1229), Quéribus se trouve occupé, depuis quelques années déjà, par Chabert de Barbaira. Cet ancien ingénieur militaire du roi d'Aragon, connu pour être acquis aux idées albigeoises, possède la totalité des pouvoirs militaires sur les places fortes encore indépendantes.

Chabert de Barbaira accueillit dans son château, en 1229, l'évêque cathare du Razès, Benoît de Termes, qui y mourut en 1241. On y note aussi la présence du diacre cathare Pierre Paraire, ancien diacre du Cabardès. C'est ce qu'affirme le sergent de Montségur en 1244, interrogé par l'Inquisition : « J'ai vu au château de Quéribus Pierre Paraire, diacre des Parfaits du Fenottillèdes, et les Parfaits Raimond de Narbonne et Bugarach. Ils étaient hébergés là, dans une étable, par Chabert (de Barbaira). »

En 1254, le sénéchal de Carcassonne, Pierre d'Auteuil, aidé par l'archevêque de Narbonne, doit réduire Quéribus, dernier îlot de résistance. Le siège sera court. Peu de détails nous en sont parvenus, par contre l'issue en est connue : Chabert de Barbaira rend le château en 1255, en échange de sa liberté. La trahison par Olivier de Termes, qui s'était rallié au roi, reste une supposition. Restitué à Louis IX, Quéribus devient forteresse royale, occupée par une garnison. D'importants travaux d'agrandissement sont alors entrepris.

Par le Traité de Corbeil en 1258, l'annexion capétienne avait été confirmée. Louis IX renonçait à ses droits sur les comtés des Marches d'Espagne, en contrepartie le roi Jaume Ier cédait sa suzeraineté sur les territoires situés au nord des Corbières. Ainsi, après avoir défendu les terres du sud, Quéribus allait-il défendre celles du nord. Malgré ce traité, des conflits territoriaux persistent, entrecoupés de courtes trêves. En 1473, les troupes du roi d'Aragon reprennent Quéribus. Cette situation se prolongera jusqu'au Traité des Pyrénées.

### ✟ QUÉRIBUS, VISITE DU CHÂTEAU

On accède au château par une route carrossable conduisant à un parking aménagé. Ensuite il faut un quart d'heure de marche, par un sentier montant sur le versant nord, pour accéder au terre-plein sur lequel se trouvent dans la pierraille les premières défenses du château. De là, un escalier étroit surplombant l'à-pic conduit aux ruines. La forteresse comprenait trois enceintes superposées. La première était notamment défendue par des organes de tir propres aux armes à feu. La seconde comprenait une salle voûtée aujourd'hui minée, ainsi qu'une citerne. La troisième s'ouvre par une porte en plein cintre* surmontée d'une bretèche*. À gauche, une salle voûtée contient l'ouverture d'une citerne.

La masse du donjon polygonal est impressionnante. On y accède par une tour adjacente au sud, dotée d'un escalier à vis. Un couloir mène ensuite dans une pièce voûtée. De cette salle part un passage vers une casemate* qui couvrait la base ouest du donjon. Revenu dans la pièce voûtée, on peut pénétrer dans le donjon et accéder à la salle du pilier. C'est le plus bel élément architectural du château. Cette pièce voûtée sur croisées d'ogives* supportées par un pilier central possède une baie à meneaux*. On notera la majesté de ce pilier qui s'épanouit en palmier, les nervures reposent sur huit culots*, les clés des croisées sont sans décoration. Dans la salle, on peut voir également les arrachements d'une hotte de cheminée. En ressortant du donjon, il est possible de pénétrer au sud dans les ruines du corps de logis avant de ressortir de la troisième enceinte.

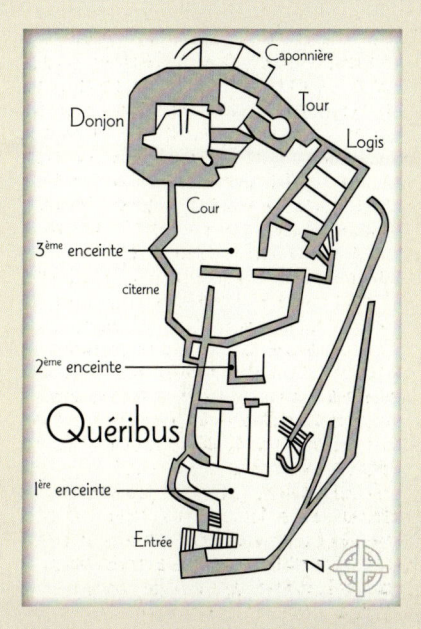

Une datation précise de l'édifice est rendue impossible par les nombreux remaniements qu'il subit. En effet, Quéribus fut l'objet de plusieurs campagnes de travaux au XIIe et au milieu du XIIIe siècle. Du XVe siècle datent les canonnières avec l'apparition des premières armes à feu portatives, des XVIe et XVIIe siècles, le parement extérieur du donjon.

Le château est ouvert au public durant presque toute l'année (de 9 h à 20 h en juillet et août), se renseigner au 0468450369. Accès payant.

### ✟ ENTRE LES ENNEMIS DE LA PAIX ET DE LA FOI

Lettre adressée à l'archevêque de Narbonne par Pierre d'Auteuil, sénéchal.

« Au nom du Seigneur, l'an de la Nativité du Christ 1255, le huitième jour des ides* de mai, sous le règne de Louis. Sachent tous que lorsque Pierre

Quéribus

d'Auteuil, sénéchal de Carcassonne et Béziers, assiégeait le château de Quéribus au nom du seigneur Roi ledit sénéchal écrivit une lettre en demandant au seigneur archevêque de Narbonne et à ses suffragants* qu'ils apportent leur aide et leur secours au seigneur Roi et à lui-même son lieutenant dans le siège dudit château.

Aux vénérables Pères dans le Christ par la grâce de Dieu, archevêque de Narbonne Guillaume et ses suffragants, Pierre d'Auteuil chevalier; sénéchal de Carcassonne et de Béziers, salut et sincère affection avec honneur.

Dans les affaires délicates que l'illustre seigneur Roi de France a connues dans ses régions contre les ennemis de la Paix et de la Foi, vous et vos prédécesseurs avez œuvré si louablement que cela a contribué à la louange de Dieu et du seigneur Roi à votre avantage et votre honneur. Et alors sur l'ordre dudit seigneur Roi, nous avons assiégé un repaire d'hérétiques, d'assassins et de larrons, à savoir le château de Quéribus, fief du seigneur Roi, nous prions le plus bienveillamment possible votre paternité de la part du seigneur Roi et de la nôtre, pour que vous nous secouriez courageusement avec votre affection habituelle dans le siège et la prise dudit château. En effet, nous n'entendons ni ne voulons qu'aucun préjudice touchant son droit soit fait à l'Église dans l'avenir en raison de la demande d'aide militaire que nous venons de vous adresser. À Carcassonne, le mercredi avant la fête de l'Ascension du Seigneur, l'an du Seigneur 1255. »

(Extrait de : Mansi, sacrotum conciliorum…)

### ✠ LES ENCEINTES DE CUCUGNAN

Après l'ascension de Quéribus, le sentier propose une halte rafraîchissante dans le pittoresque village de Cucugnan, qui s'accroche à flanc de coteau, couronné de mines médiévales. Du village attachant et intime aux ruelles antiques où sont installées les échoppes d'artisans, on admire à l'horizon sud le profil aérien de Quéribus.

Cucuniano est cité en 951, puis en 1070 dans un serment du comte de Bésalu. Un forteda de Cucuniano est mentionné en 1140, et au XIIe siècle il est le lieu d'origine de l'une des familles les plus puissantes du Pérapertusès. Ses seigneurs Pierre et Bérenger de Cucugnan furent de farouches partisans de l'indépendance ; ils défendaient le castrum* et ravitaillaient aussi les réfugiés de Puilaurens. Après la déroute de 1240, Cucugnan se soumet au roi de France, avec son seigneur Guillaume de Peyrepertuse.

Les constructions du village ont perturbé le site de l'ancien castrum. Seuls en demeurent les restes de courtines*, qui correspondent, en haut du mamelon, à l'ancienne enceinte.

Cucugnan est la patrie du curat de Cucunhan, légende rendue célèbre en provençal par Alphonse Daudet, mais qui est issue d'une version locale, en languedocien, écrite par Achille Mir (la pièce *Le sermon du curé de Cucugnan* est jouée presque tous les jours de l'année. Tél. 0468450369).

L'église de Cucugnan renferme une étonnante représentation de la Vierge enceinte, du XIIe siècle.

### ✠ DUILHAC

Duilhac-sous-Peyrepertuse est un joli village au milieu d'un cirque, construit sur une éminence. Les rives du Verdouble, la forêt, la garrigue, les oliviers constituent son environnement. Aucun document ne signale un château à Duilhac, mais le quartier de l'église au centre du village est entouré d'un mur d'enceinte. Il en demeure aujourd'hui la porte occidentale qui donne accès à l'église romane remaniée aux XIVe et XIXe siècles.

### ✠ PEYREPERTUSE, « UNE PETITE CARCASSONNE CÉLESTE »

De quelque côté qu'on l'aborde, Peyrepertuse se découpe sur le ciel : château et falaise se confondent en une échine de pierre blanche percée d'ouvertures, à 797 mètres d'altitude. Il s'agit là d'un véritable défi aérien, d'un grand déploiement d'architecture en plein ciel sur près de 9 000 m², ce qui a fait dire à Michel Roquebert que Peyrepertuse était une « petite Carcassonne céleste ».

Réputée imprenable, la plus vaste des forteresses de l'Aude a monté la garde jusqu'au XVIIe siècle. L'origine du nom viendrait, présume-t-on, des excavations percées dans la falaise portant l'édifice (petra pertusa ou pierre percée). Le site est occupé dès les premiers siècles avant J.-C. par les Gallo-Romains. C'est en 1020 qu'est mentionné le château, sous le règne de Bernard Taillefer, comte de Barcelone.

La lignée des Peyrepertuse eut pour suzerains pendant la période féodale, d'abord les comtes de Bésalù, puis de Barcelone, enfin les rois d'Aragon. Au cours de cette même période, il semble que les seigneurs de Peyrepertuse aient été étroitement associés aux décisions des vicomtes de Narbonne. Ainsi, du fait de la complexité du droit féodal, l'attitude des seigneurs de Peyrepertuse fut-elle conditionnée, tantôt par leurs liens avec la maison de Barcelone, tantôt par leurs relations avec celle de Narbonne.

Mais que devient la forteresse au moment de la Croisade contre les Albigeois ? Après la chute de Toulouse, le sud du pays semble conquis à l'exception toutefois du Fenouillèdes et du Peyrapertusès, qui apparaissent épargnés. En 1217, Guillaume de Peyrepertuse rend hommage à Simon de Montfort, mais reprend la lutte.

En 1226, le régent du royaume d'Aragon, Nunyo Sanchez, fait hommage au roi de France pour les vicomtés de Fenouillèdes et le lieu de Peyrepertuse. La vente de Peyrepertuse aura lieu en 1239 pour 20 000 sols melgoriens. La reddition effective de Guillaume de Peyrepertuse se fera en 1240. Après la révolte de Trencavel, les faidits se réfugient au château, chassés par les soldats du sénéchal de Louis IX. Le siège dure deux ou trois jours et les négociations aboutissent à la reddition. Peyrepertuse va alors devenir place forte royale, aménagée en plate-forme défensive par Louis IX et dotée de défenses exceptionnelles. Vers 1242, Saint Louis donne ordre au sénéchal de Carcassonne de faire tailler l'escalier portant son nom. Puis sont entreprises les fortifications du rocher de Sant Jordy ainsi que des travaux, en 1250, destinés à réaménager le donjon vieux et l'église Sainte-Marie. D'autres réparations furent engagées, aux XIVe et XVe siècles. Après le Traité de Corbeil, le roi de France dotera la forteresse d'une garnison. Le chantier, mené à bien par ses maîtres d'œuvre donne son aspect actuel au château alors qu'en 1232 Béranger de Peyrepertuse, croyant cathare, rend visite à l'évêque cathare Raimont Agulher, à Doumes dans le Pays de Sault. Au milieu du XVe siècle, Peyrepertuse abrite un roi de Castille en exil, Henri de Trastamare.

Bien qu'une garnison y soit maintenue jusqu'à la Révolution, le château ne fera que décliner jusqu'au Traité des Pyrénées après lequel il subira le même sort que les autres châteaux frontaliers : l'abandon et l'oubli.

### ✠ PEYREPERTUSE : UNE VISITE

À 500 mètres au-dessus de la plaine, la citadelle s'ouvre par une seule porte. Pour accéder aux mines, il faut gravir un sentier à travers chênes verts, buis et pins, exposé au vent. Compter environ une demi-heure pour effectuer l'ascension. Visite du château toute l'année. Un accueil est assuré sur le site de Pâques à octobre, de 9 à 19 heures (entrée payante). Voir plan page 44. La forteresse se compose de trois parties : enceinte basse, enceinte médiane et donjon Sant Jordy.

### Enceinte basse

À l'angle nord-ouest se trouvent la porte d'entrée et ses dispositifs de défense. L'enceinte basse est triangulaire, protégée côté nord par une muraille de cent vingt mètres de long, flanquée de deux tours semi-circulaires ouvertes à la gorge*. Le chemin de ronde à larges dalles est presque intact. L'enceinte se termine à l'est par un éperon destiné à dévier les coups des pierrières*, véritable proue donnant à Peyrepertuse l'aspect de vaisseau qui le caractérise. Dans cette enceinte, le donjon vieux édifié avant la Croisade occupe le sud-ouest de l'enceinte. Il se compose de deux bâtiments axés est-ouest, autour d'une cour fermée par des courtines* percées d'une poterne* avec assommoir*. Le premier corps de bâtiment est l'église Sainte-Marie, antérieure à 1115. C'est un édifice roman des XIIe et XIIIe siècles, remanié au XIVe siècle. Son abside* en cul-de-four* était percée de quatre fenêtres.

La nef était couverte d'une voûte en berceau brisé. Des fouilles récentes ont dégagé l'autel, le chœur et des sépultures. Le deuxième bâtiment est un logis avec deux pièces voûtées et superposées à l'est, se terminant par une tour semi-circulaire percée de meurtrières*. Une tour ronde à l'angle sud-ouest abrite une citerne.

### Enceinte médiane

Une porte en plein cintre*, avec assommoir* et herse, relie l'enceinte basse à une enceinte médiane. Une tour de guet se dresse en bordure sud-est de l'à-pic, tandis qu'une construction polygonale occupe le centre de l'enceinte.

### Donjon de Sant Jordy

« L'escalier de Saint Louis », avec une soixantaine de marches irrégulières taillées dans le flanc nord du rocher, mène au château de Sant Jordy. On y pénètre sur le versant nord par une porte en chicane* percée dans la courtine flanquée d'une tour semi-circulaire. À l'intérieur, des bâtiments s'y adossaient, éclairés par quelques fenêtres à coussièges*. Au sud-ouest, la chapelle Sant Jordy domine l'à-pic. Sant Jordy aurait été construit en vue de résister à un assaillant qui se serait emparé de la citadelle inférieure.

Du château, la vue s'étend du Pech de Bugarach à la Méditerranée. La descente s'effectue par l'escalier de Saint Louis en longeant le côté nord de l'enceinte médiane. Ses murailles percées de meurtrières, avec latrines, épousent les bords déchiquetés du plateau qui le supportent.

S'il fut invulnérable aux assauts de l'homme, Peyrepertuse ne le fut pas à ceux des intempéries qui le dégradèrent fortement. Mais le monument fut restauré en 1952 ; une route en facilitant l'accès fut tracée en 1970. Le château est régulièrement entretenu par des campagnes de restauration.

**13,2 km** — **4 h 00** — **700 m** — **4ᵉ étape**
*VARIANTE NORD*

# → Duilhac-sous-Peyrepertuse
# → Cubières-sur-Cinoble

C'est certainement le parcours le plus pittoresque qui, de la visite de la plus grande forteresse de montagne, Peyrepertuse, conduit à l'impressionnant canyon de l'Agly ou gorges de Galamus. Là se niche le curieux ermitage de Saint-Antoine… qui n'accueille plus les randonneurs. L'itinéraire court ici en limite de deux départements, l'Aude et les Pyrénées-Orientales, et de deux régions naturelles, le Fenouillèdes et les Corbières. À partir des gorges de Galamus, il entre dans le massif des hautes Corbières, aux vastes plateaux d'altitude (800 à 900 mètres), semi-désertiques et d'une grande beauté. Cette étape, volontairement plus courte que les précédentes, permettra d'envisager, chemin faisant, la visite du château de Peyrepertuse ou des spectaculaires gorges de Galamus.

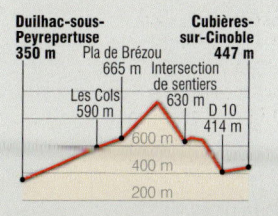

## RENSEIGNEMENTS PRATIQUES

● IGN 2447 OT Tuchan, au 1/25 000

### ✦ CUBIÈRES-SUR-CINOBLE (11190)

→ www.cubieres-sur-cinoble.fr

→ CH Le Saouzé, 5 ch., 30 €/p., 40 €/2 p., pdj compris, repas 15 €, Sylvie Romieu, 2 rue du Château, 04 68 31 61 55, http://saouze.ifrance.com

→ GE Les Baillessats, 16 pl., 15 €/p. (individuel en saison se renseigner), pdj 7 €, repas 14 € sur réservation, coin cuisine, Barbara Müntel, 04 68 69 81 29

→ CH Accueil au Village, 5 ch., 40 €/p., 57 €/2 p., pdj compris, repas 23 €, panier-repas 8 €, Françoise Le Roy, 4 rue de la Mairie, 04 68 69 84 17, www.accueilauvillage.fr

→ Camping Rest. Le Vieux Moulin (entrée nord des gorges), 21 empl., tente 5 €, 4 €/p. pdj 4,50 €, repas 16 €, ouvert tlj en saison, vacances scolaires et we, 04 68 69 81 49, www.moulin-de-galamus.com

→ Snack Chez Michèle (dans le village), 06 31 59 31 45

Duilhac-sous-Peyrepertuse 350 m — Pla de Brézou 665 m — Intersection de sentiers 630 m — Les Cols 590 m — D 10 414 m — Cubières-sur-Cinoble 447 m

*Les gorges de Galamus*

41

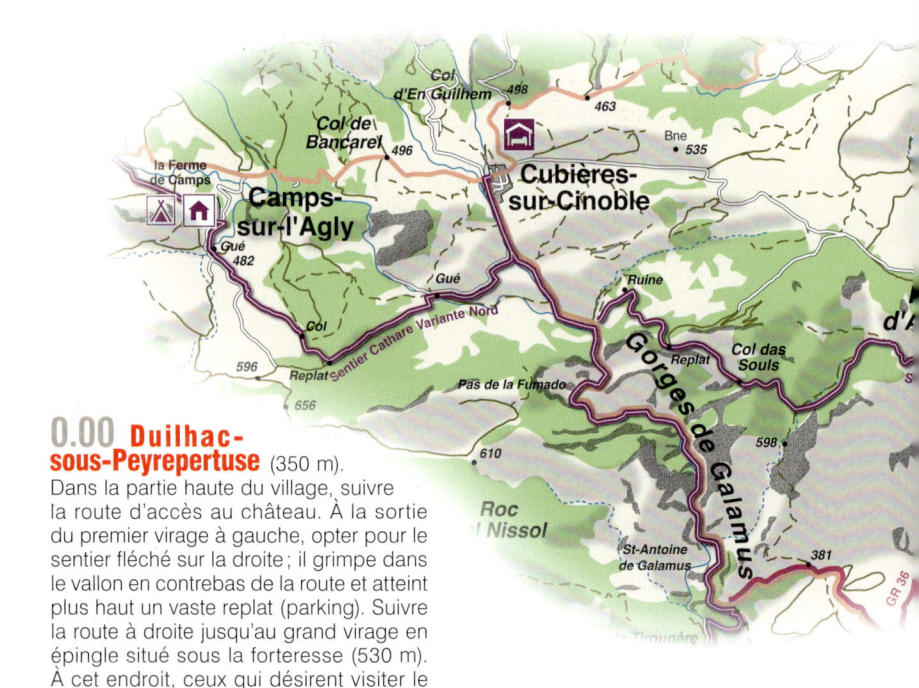

**0.00 Duilhac-sous-Peyrepertuse** (350 m).
Dans la partie haute du village, suivre la route d'accès au château. À la sortie du premier virage à gauche, opter pour le sentier fléché sur la droite ; il grimpe dans le vallon en contrebas de la route et atteint plus haut un vaste replat (parking). Suivre la route à droite jusqu'au grand virage en épingle situé sous la forteresse (530 m). À cet endroit, ceux qui désirent visiter le château prendront la route à droite (compter une heure de plus aller-retour, hors visite). Le Sentier Cathare, quant à lui, se prolonge en face sur la piste empierrée. Elle passe près de la bergerie de Bugamus, puis progresse longuement à flanc de colline au-dessus du ravin du Rec de Riben. Après un grand virage sur la gauche, accéder à une…

**1.10   4,3 km** Petite crête herbeuse, au lieu-dit **les Cols** (590 m). Abandonner la piste pour passer un portillon sur la droite

Peyrepertuse

et avancer sur un joli sentier au-dessus de la combe d'En Tribals. Après avoir franchi le lit du ruisseau intermittent, il remonte légèrement, franchit un autre portillon et accède à une piste (580 m).
La couper pour continuer sur le sentier en face (source et abreuvoir à gauche, variante équestre à droite). Sous les frondaisons de buis, houx et chênes verts, gravir plus loin des affleurements rocheux (vues sur la vallée du Verdouble) et déboucher sur le…

## 1.40  5,8 km  Pla de Brézou (665 m).
Replat herbeux, ancienne zone de pâturage. À gauche, le GR 36 descend dans les pelouses vers l'«Aval des gorges de Galamus» (panneau) (voir remarque en fin de descriptif), alors que le Sentier Cathare part à droite dans la végétation vers l'«Amont des gorges». Il file ensuite en limite supérieure du pré jusqu'à atteindre la base du Pech d'Auroux (10 min). La pente se redresse nettement (plein ouest) pour atteindre un premier point haut (929 m). Le sentier redescend derrière (il perd 40 m) vers la combe de Sarraoute et traverse à flanc vers un…

## 2.30  8,0 km  Replat dégagé (910 m),
juste sous le Pech d'Auroux. Près des deux cairns, très belle vue sur Saint-Paul, le Fenouillèdes, le Pech de Bugarach. La descente se prolonge à l'ouest face au Pech. Après une clairière, la trace se faufile dans la forêt et chemine bientôt en rive gauche du lit d'un ruisseau asséché.

## 2.50  9,5 km  Intersection de sentiers (630 m) : laisser à gauche la direction de Saint-Paul (balisage jaune) et suivre à droite la direction de Cubières (balisage bleu et jaune). Remonter dix minutes dans la coume Daniel pour passer le col boisé das Souls, non signalé. La descente reprend ; laisser ensuite une sente raide sur la gauche (panneau «Descente rapide») et filer tout droit. Très beau parcours en balcon au-dessus des gorges de Galamus par une vire aux senteurs méditerranéennes.

## 3.10  10,6 km  Petit replat (640 m)
avec large chemin venant de la droite (balisé variante équestre). Le laisser et prendre juste après un sentier qui descend dans la forêt. Par des lacets réguliers, perdre de l'altitude dans le bois de Merlano, frôler une ruine et parvenir bientôt sur la…

## 3.40  11,7 km  D 10 (414 m), juste en
face de l'ancien moulin de Cubières (restaurant et snack du Vieux Moulin, possibilité de camping). Pour suivre la variante sud du Sentier Cathare (par Puilaurens), vous longerez la route à gauche au cœur des gorges de Galamus. Pour suivre la variante nord (par Bugarach et Quillan), vous longerez la route à droite sur 1,5 km jusqu'au village de Cubières, terme de cette étape.

## 4.00  13,2 km  Cubières-sur-Cinoble (447 m). Plusieurs chambres d'hôtes dans le village ou à proximité, un snack dans le village. Deux gîtes d'étape se trouvent plus loin sur le Sentier Cathare, à hauteur de Camps-sur-l'Agly (45 min à 1 h de marche, voir descriptif de l'étape suivante).

Remarque : au pla de Brézou, en cas de mauvais temps, il est préférable de descendre vers l'aval des gorges en suivant le balisage du GR36, et de remonter ensuite intégralement les gorges de Galamus par la route.

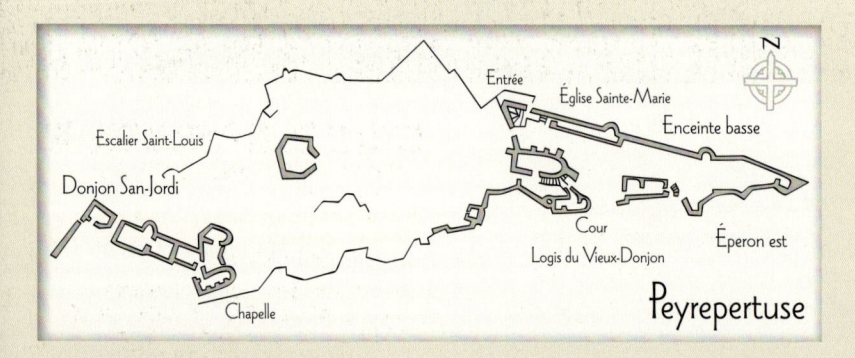

*Peyrepertuse* — Escalier Saint-Louis, Donjon San-Jordi, Chapelle, Entrée, Église Sainte-Marie, Enceinte basse, Cour, Logis du Vieux-Donjon, Éperon est.

## LE JEUNE DE LIMOUX NÈGRE À GALAMUS

Limoux Nègre, de Saint-Paul-de-Fenouillet, n'était pas cathare, mais fut brûlé à Carcassonne le 10 septembre 1329, à l'âge de soixante ans, pour avoir professé des croyances extravagantes. Il avait déclaré devant l'Inquisition :

« Il y avait dix ans, lors de mon premier interrogatoire (1326), j'ai pensé que ce prophète Jésus-Christ avait jeûné quarante jours et quarante nuits, et j'ai voulu savoir si Dieu me donnerait une aussi grande grâce, de pouvoir jeûner aussi longtemps. J'allai à une grotte qui est sous la roche de Caderonne. J'y restai dix jours et dix nuits, sans manger ni boire. Après ces dix jours, atteint par la faim et pensant que Dieu ne me ferait pas la grâce de pouvoir jeûner plus de dix jours, je quittai la grotte, revins en ville et mangeai. Et depuis lors, Dieu a mis en mon cœur cette compréhension, cette finesse et cette philosophie. Je l'ai prêchée et enseignée, cette philosophie, à quelques-uns... »

(Extrait du Manuscrit Doat)

## DES CATHARES SUR LES CHEMINS DES HAUTES CORBIÈRES

Devant l'Inquisition, Pierre Maury, suspecté d'hérésie, raconte comment, une nuit, il accompagna deux Cathares d'Arques à Cubières.

« J'étais avec les brebis de Raimond Peyre au lieu-dit Pars Sors ; il y avait avec moi Jean Maulen, d'Arques, Guillaume Marty de Montaillu, fils de Guillaume Marty de Montaillou. Une nuit, vers l'heure du premier sommeil, arrivèrent à ce pâturage pour me voir Raimond Bélibaste et feu Philippe d'Alayrac de Coustaussa, l'hérétique, que Raimond conduisait, et qu'il avait amené de Limoux. Je les invitai à manger, car je connaissais déjà, depuis longtemps, ce Raimond. Je leur donnai de la viande, du lait de chèvre, du fromage, du pain et du vin, choses dont Raimond mangea. Philippe ne mangea rien, mais but seulement du vin avec un gobelet qu'il portait, et il ne voulut pas boire dans celui qui était à moi et à mes compagnons. À cela, je connus que ce Philippe était de ces bons hommes (c'est-à-dire hérétique). Mes compagnons ne le surent pas, que je sache. Quand Raimond eut mangé et l'hérétique bu, Raimond me pria d'aller avec eux jusqu'à Cubières, et de leur montrer les raccourcis et les sentiers, afin qu'ils n'aillent pas par les chemins fréquentés et qu'ils ne rencontrent personne. C'est ce que je fis, et nous allâmes ensemble cette nuit-là à Cubières, moi, l'hérétique et Raimond, par les bois et les endroits escarpés, bien que la nuit fût obscure au point qu'on pouvait à peine y voir. Cette nuit-là l'hérétique tomba souvent, et se blessa les pieds, à cause de l'aspérité du chemin et du bois. Quand cela lui arrivait, il disait : Saint-Esprit, aide-moi !... »

(Extrait du Registre d'Inquisition)

🚶 20,0 km  ⧗ 5h45  ⛰ 920 m  **4ᵉ étape**
**VARIANTE SUD**

# → Duilhac-sous-Peyrepertuse
# → Prugnanes

**Au départ** de Peyrepertuse, la première des trois étapes de la variante sud survole puis parcourt les gorges de Galamus et laisse la variante nord découvrir les Hautes-Corbières pour filer directement vers le Fenouillèdes. L'agréable étape à Prugnanes viendra conclure une journée inaugurée par la visite matinale (facultative) des ruines du château de Peyrepertuse, auréolée par les immenses panoramas du Pech d'Auroux, célébrée par le parcours intégral des minérales gorges de Galamus. Une très belle journée, mais dénivelé à ne pas négliger…

## RENSEIGNEMENTS PRATIQUES

- IGN 2447 OT Tuchan et 2348 ET Prades, au 1/25 000

### ✤ PRUGNANES (66220)

→ Pas de ravitaillement au village
→ GE et CH Benjamin, 20 pl. en 3 dortoirs de 16 €/p., pdj 5 €, 1/2 pension 40 €/p., une ch. 55 €/3 p. max, pdj 6 €, repas 18 €, panier-repas 8 €, 04 68 50 03 14, 06 80 41 27 53, www.gite-prugnanes.fr

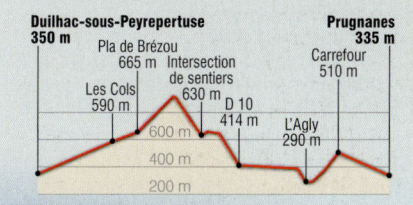

Duilhac-sous-Peyrepertuse 350 m — Pla de Brézou 665 m — Les Cols 590 m — Intersection de sentiers 630 m — D 10 414 m — L'Agly 290 m — Prugnanes 335 m — Carrefour 510 m

*Le village de Prugnanes*

45

## 0.00 Duilhac-sous-Peyrepertuse

(350 m). Dans la partie haute du village, suivre la route d'accès au château. À la sortie du premier virage à gauche, opter pour le sentier fléché sur la droite ; il grimpe dans le vallon en contrebas de la route et atteint plus haut un vaste replat (parking). Suivre la route à droite jusqu'au grand virage en épingle situé sous la forteresse (530 m). À cet endroit, ceux qui désirent visiter le château prendront la route à droite (compter une heure de plus aller-retour, hors visite). Le Sentier Cathare, quant à lui, se prolonge en face sur la piste empierrée. Elle passe près de la bergerie de Bugamus, puis progresse longuement à flanc de colline au-dessus du ravin du Rec de Riben. Après un grand virage sur la gauche, accéder à une…

## 1.10    4,3 km Petite crête herbeuse, au lieudit **les Cols** (590 m).

Abandonner la piste pour passer un portillon sur la droite et avancer sur un joli sentier au-dessus de la combe d'En Tribals. Après avoir franchi le lit du ruisseau intermittent, il remonte légèrement, franchit un autre portillon et accède à une piste (580 m).
La couper pour continuer sur le sentier en face (source et abreuvoir à gauche, variante équestre à droite). Sous les frondaisons de buis, houx et chênes verts, gravir plus loin des affleurements rocheux (vues sur la vallée du Verdouble) et déboucher sur le…

## 1.40    5,8 km Pla de Brézou (665 m).

Replat herbeux, ancienne zone de pâturage. À gauche, le GR 36 (qui peut offrir un raccourci en cas de mauvais temps) descend dans les pelouses vers l'« Aval des gorges de Galamus » (pan-

neau), alors que le Sentier Cathare part à droite dans la végétation vers l'« Amont des gorges ». Il file ensuite en limite supérieure du pré jusqu'à atteindre la base du Pech d'Auroux (10 min). La pente se redresse nettement (plein ouest) pour atteindre un premier point haut (929 m). Le sentier redescend derrière (il perd 40 m) vers la combe de Sarraoute et traverse à flanc vers un…

## 2.30    8,0 km Replat dégagé (910 m),

juste sous le Pech d'Auroux. Près des deux cairns, très belle vue sur Saint-Paul, le Fenouillèdes, le Pech de Bugarach. La descente se prolonge à l'ouest face au Pech. Après une clairière, la trace se faufile dans la forêt et chemine bientôt en rive gauche du lit d'un ruisseau asséché.

## 2.50    9,5 km Intersection de sentiers (630 m) :

laisser à gauche la direction de Saint-Paul (balisage jaune) et suivre à droite la direction de Cubières (balisage bleu et jaune). Remonter dix minutes dans la coume Daniel pour passer le col boisé das Souls, non signalé. La descente reprend ; laisser ensuite une sente raide sur la gauche (panneau « Descente rapide ») et filer tout droit. Très beau parcours en balcon au-dessus des gorges de Galamus par une vire aux senteurs méditerranéennes.

Ermitage Saint-Antoine de Galamus

**3.10** **10,6 km** Petit replat (640 m) avec large chemin venant de la droite (balisé variante équestre). Le laisser et prendre juste après un sentier qui descend dans la forêt. Par des lacets réguliers, perdre de l'altitude dans le bois de Merlano, frôler une ruine et parvenir bientôt sur la…

**3.40** **11,7 km** **D 10** (414 m), juste en face de l'ancien moulin de Cubières (restaurant et snack du Vieux Moulin, possibilité de camping). Pour suivre la variante sud du Sentier Cathare (par Puilaurens), vous longerez la route à gauche au cœur des gorges de Galamus. Laisser donc à droite la variante nord (par Bugarach et Quillan). L'itinéraire consiste à suivre l'asphalte au sud sur 3 km, parcours en balcon improbable au sein de tant de verticalité calcaire. Circulation automobile importante (mais lente) en pleine saison touristique, rester prudent.

**Saint-Paul-de-Fenouillet depuis le col de Lenti**

Après le tunnel de l'ermitage, parvenir à un parking et continuer encore 400 m en bord de route. Juste après une croix, repérer sur la droite le sentier qui permet de descendre sur les rives de l'Agly (balisage rouge/blanc commun au GR® 36). Après les premiers lacets, ignorer une sente sur la gauche et poursuivre tout droit (sauf déviation du balisage, voir remarque plus bas). Laisser ensuite à gauche le Tour du Fenouillèdes (balisage rouge/jaune) et continuer à descendre sous les chênes verts.

**4.45   15,5 km** En bas, traverser **l'Agly** sur une passerelle (290 m). Sur l'autre rive, laisser le bâtiment de la Tirounère et emprunter à gauche la piste et la route qui fait suite. 400 m après, au sommet d'une côte (petit col, 295 m), abandonner le goudron pour le chemin à droite. Après quelques vignes, prolonger sur un sentier qui grimpe sec, toujours devant vous, vers le…

**5.05   16,6 km Col** boisé **de Lenti** (382 m). Laisser à gauche le sentier venant de Saint-Paul-de-Fenouillet (utilisé par la déviation provisoire de 2015, voir remarque plus bas) et faire 20 m à droite pour trouver une seconde intersection. Laisser ici le sentier monter en face vers le Pla de Lagal et bifurquer à gauche sur un sentier étroit dans la végétation. Il traverse à flanc, puis plonge vers une large piste. Suivre ce bon chemin vers la droite, sur près de 3 km, pour atteindre le prochain village.

**5.45   20,0 km** Village de **Prugnanes** (335 m). Gîte d'étape à l'entrée du village, point d'eau place de la Fontaine.

**Remarque** : en raison d'une crue de l'Agly, la passerelle de la Tirounère a été emportée au printemps 2015. En attendant sa reconstruction, un panneau explicatif et un balisage provisoire en rouge et blanc invitent les randonneurs à suivre une déviation les conduisant à Saint-Paul-de-Fenouillet par la rive gauche de l'Agly (voie goudronnée secondaire). À Saint-Paul, franchir le pont de la D 117 et prendre la première rue à droite. Après la traversée de la voie ferrée, tourner sur la piste à gauche qui remonte sur une croupe dominant la vallée de l'Agly. Prolongé par un sentier, cet itinéraire provisoire vous conduit au col de Lenti, où vous retrouvez le descriptif ci-dessus. Cela rajoute tout de même 6 km de marche, soit environ 1 h 20.

### LES ERMITES DE GALAMUS

Après la visite de Peyrepertuse, le Sentier Cathare mène à un havre de fraîcheur, les gorges de Galamus. La route, qui pique droit au sud sur Saint-Paul-de-Fenouillet, surplombe le lit de l'Agly, 700 mètres au-dessous. La rivière fissure le pla de Saint-Paul (966 mètres), sec et désertique. L'Agly, de cascade en cascade, a creusé le roc où la route s'accroche, à mi-hauteur de la falaise. Elle fut tracée avec audace en 1894, unissant l'Aude aux Pyrénées-Orientales. De la route, un tunnel creusé de main d'homme conduit à flanc de rocher sur un balcon naturel : c'est là que se trouve l'ermitage Saint-Antoine-de-Galamus. Il s'agit d'une humble maison et d'un sanctuaire aménagé dans une grotte, entourés de buis, de chênes verts et d'arbousiers. Curiosité naturelle exceptionnelle : l'eau dans les « marmites de géants » est vert turquoise. L'ermitage fut occupé depuis le début du Moyen Âge. Plusieurs ermites vécurent ici au XIXe siècle. À quelques kilomètres au nord de Galamus se trouve le village de Cubières-sur-Cinoble, où vécurent des Cathares. L'un d'eux fut le dernier Parfait à être condamné par l'Inquisition : Guillaume Bélibaste.

**16,8 km** | **4 h 50** | **700 m** | **5e étape**
**VARIANTE NORD**

# → Cubières-sur-Cinoble
# → Bugarach

Sur ces vastes étendues, le climat peut être rigoureux (possibilité d'enneigement important mais limité dans le temps : se renseigner auprès des gîtes d'étape). Sur les hauts plateaux, l'homme sédentaire s'en est allé depuis longtemps, ne laissant derrière lui que les intrigantes ruines de Campeau, chargées de mémoire, et quelques sentiers pastoraux qui font le bonheur des randonneurs. Avant de rallier la vallée de la Blanque, du plus haut sommet du massif, le Pech de Bugarach (1 231 m), piton calcaire très abrupt (hors itinéraire), le regard embrasse des horizons illimités et tout le pays où vécut le catharisme.

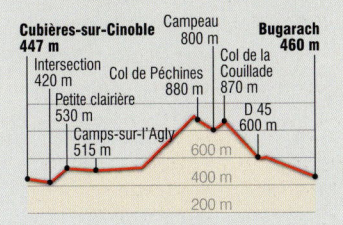

**Cubières-sur-Cinoble** 447 m — Intersection 420 m — Petite clairière 530 m — Camps-sur-l'Agly 515 m — **Campeau** 800 m — Col de Péchines 880 m — Col de la Couillade 870 m — D 45 600 m — **Bugarach** 460 m

## RENSEIGNEMENTS PRATIQUES

IGN 2347 OT Quillan, au 1/25 000

### CAMPS-SUR-L'AGLY (11190)

→ www.pays-de-couiza.com

→ GE, CH et camping La Ferme de Camps, 21 pl. en 2 dortoirs, 16 €/p., 1/2 pension 39 €/p., et 3 ch., 36 €/2 p., pdj 7 €, tente 8 €/p., panier-repas 8 €, Catherine Clairvoix, 1 rue du Château, 04 68 69 87 53

→ GE et CH La Bastide, 35 pl. en 4 dortoirs, 12 €/p., pdj 6 €, 1/2 pension 35 €/p., coin cuisine, et 6 ch. de 41 à 47 €/2 p., pdj 7 €, repas 18 €, panier-repas 8 €, Néli Bush, 04 68 69 87 57, www.labastide.net

→ GE et CH Le Bouchard, 40 pl., 30 pl. en gîte 14,50 à 16,50 €/p., pdj 6 €, repas 18,50 €, panier-repas 7,50 €, accueil équestre, Daniel Paul, 04 68 69 82 81, www.gite-lebouchard.com

### BUGARACH (11190)

→ www.bugarach.fr

→ Produits locaux avec dépôt de pain, restaurant

→ GE et camping, Maison de la Nature et de la Randonnée, 32 pl., 20 à 23 €/p., 24 à 27 € pdj compris, 1/2 pension 34 à 39 €/p., tente 10 €/2 p., pdj 6 €, panier repas 7,50 €, de début avril à début nov., 04 68 69 83 88

→ CH Le Presbytère, 4 ch., 57,50 €/p., 67,50 €/2 p., pdj compris, repas 26 €, panier-repas sur demande 8,50 €, 04 68 69 82 12, www.presbyterebugarach.fr

→ CH A la Ferme, 2 ch., 40 €/p., pdj compris, repas 14 €, panier-repas 7,50 €, M. Dittmer, à l'entrée du village, 04 68 69 84 98

49

## 0.00 Cubières-sur-Cinoble (447 m).
À l'intersection principale, prendre la direction des gorges de Galamus sur 500 m, puis un chemin à droite (pont). Après le pont, le chemin monte sur la colline, passe une crête puis redescend vers le fond d'une combe.

## 0.20  1,4 km En bas, à l'**intersection**
(420 m), prendre à droite le chemin d'accès à un pré, à longer sur 30 m (terrain privé à respecter), pour trouver une passerelle sur le ruisseau. Après quelques pas sur l'autre rive, suivre le sentier rencontré vers la droite. Se présente alors une montée régulière et linéaire en sous-bois.

## 0.45  2,4 km **Petite clairière à plat**
(530 m) et **intersection de sentiers** : poursuivre à droite vers Camps (panneau). Atteindre ainsi un petit col à découvert : continuer en face sur un sentier étroit. Idem près d'une mare. On dispose d'une belle vue sur Camps au moment de prendre pied sur une piste qui, vers la droite, rejoint le village (petite remontée après le passage à gué).

## 1.15  4,2 km **Camps-sur-l'Agly**
(515 m). Remonter la rue du village puis prendre le chemin au-delà du gîte la Ferme de Camps (fléché « La Bastide » et « Col du Linas »). Prendre à droite aux intersections. En bas, franchir un gué (ou passerelle à droite) puis prendre pied sur une route que l'on suit à gauche.

## 1.45  6,8 km Hameau de **la Bastide**
(530 m) et son gîte d'étape. Continuer par la petite route sur 700 m jusqu'à trouver sur la gauche le départ d'un chemin fléché « Péchines ». Montez sur ce chemin qui grimpe en lacets dans la forêt puis s'arrête plus haut au niveau d'une clairière (vieux prés).

Continuer à droite sur un sentier qui monte franchement la partie haute du bois et, en un lacet, débouche sur une crête panoramique (vue du Canigou au Saint-Barthélemy). Chercher par exemple le château de Puilaurens au sud-ouest. Basculer sur l'autre versant à travers un bosquet pour atteindre le…

## 2.50  10,0 km **Col de Péchines**
(880 m). Ruines de cabane sous les ronces. Prendre à droite un sentier qui se glisse le long des haies de buis. Puis, à découvert, il plonge vers les…

Prairies de Campeau

**3.05** **10,9 km** Ruines de **Campeau** (800 m), visitées également par la variante sud du Sentier Cathare. Tournant le dos aux ruines, suivre à droite un vague sentier qui file vers l'ouest (puits). Il remonte de vieilles terrasses puis débouche dans le coude d'un chemin herbeux, à suivre en face. L'abandonner vite à la base d'un pré pour monter tout droit en bordure d'un vieux muret en pierre envahi par les ronces.

**3.15** **11,4 km** Ruines de la **bergerie de la Couillade** (850 m). Bifurcation importante : la variante nord du Sentier Cathare poursuit vers la droite vers Bugarach, sur un sentier à droite entre les buissons (laisser descendre à gauche Variante sud du Sentier Cathare et GR®36). Très vite, franchir à gauche le col de la Couillade (870 m).

Descendre désormais sur le versant opposé par un chemin plus large. Après une traversée dans la forêt, dans un virage bien marqué, attention à bien prendre à droite un sentier fléché « Bugarach » (abandonner donc le chemin principal) qui se faufile entre les buis. Après un portillon que l'on referme derrière soi, traverser un pré, puis vient un second portillon.
Bientôt, laisser à droite le sentier grimpant au pic de Bugarach (par la voie de la Fenêtre, 2 h 30 aller et retour). En revanche, aussitôt après, choisir cette fois le sentier qui descend à gauche (flèche « Bugarach par les cascades ») au milieu d'anciens prés. Le sentier ne tarde pas à entrer dans la forêt : continuer en face.

**3.55** **13,5 km** Traverser la **D 45** et descendre en face sur le sentier (portillon). En bas, traverser le ruisseau à gué et continuer sur le sentier qui remonte en face, sur la rive gauche. Bientôt, un sentier aménagé dégringole sur la droite vers la cascade des Mathieux (10 min aller et retour).
Reprendre la progression en terrasse sur le sentier principal, bientôt relayé par un chemin plus large. Plus bas, traverser un nouveau gué. Le chemin longe désormais le plan d'eau de Bugarach par la droite et rejoint vite le village.

**4.50** **16,8 km Bugarach** (460 m). Chambres d'hôtes dans le village. Suivre le fléchage « Maison de la Nature et de la Randonnée » pour accéder au gîte d'étape (au sud du village, rive gauche du ruisseau de la Blanque).

Le Pech de Bugarach

## ✠ LA LÉGENDE DES LUTINS BUG ET ARACH

« Les lutins Bug et Arach se décident à implorer Jupiter pour qu'il délivre les pays qu'ils habitent des colères malfaisantes du dieu Cers. Mais afin de se faire mieux entendre du Maître des Cieux, Bug grimpe sur les épaules d'Arach et fait sa prière à Jupiter qui se laisse fléchir et dresse dans les nues un promontoire protecteur, fait du mont même sur lequel s'étaient placés les deux lutins pour l'implorer. À l'abri de ce nouveau rempart, qui portera désormais le nom de Bugarach, toute la plaine du Roussillon et le plateau des Corbières ne craindront plus les colères désastreuses de Cers. Et elle est d'après la légende audoise l'origine des "monts de Bugarach".
Mais, ajoute la même légende, le dieu du vent audois ne se tint pas pour battu, car dès qu'il se sentit enchaîné par ordre de Jupiter, il se changea en tramontana, et continue à inquiéter arbres et paysans, et à dévaster des lieux que l'impiété n'avait cependant jamais atteints. »
(Extrait de Abbé P. Montagné)

## ✠ « DANS CE BAPTÊME, ILS DEVENAIENT FILS DE DIEU »

Devant l'Inquisition, Sibille, veuve de Raymond Peyre d'Arques, relate les prêches qu'elle avait entendus de la bouche du parfait Pierre Authier :
« Il dit encore, entre autres, que nul ne devait faire de salut à la croix, et à l'image du crucifié, et qu'on ne devait pas adorer ou témoigner de respect aux autres statues des saints, car, disait-il, ces statues sont des idoles. Et de même qu'un homme devrait briser à la hache les fourches* auxquelles son père aurait été pendu, de même nous devions nous efforcer de briser les croix, car c'est sur la croix que le Christ avait été pendu en apparence.
Il disait aussi que notre baptême (c'est-à-dire celui de l'Église romaine) ne vaut rien, car il se fait dans l'eau matérielle, et aussi parce qu'au cours du baptême on dit beaucoup de mensonges. On interroge en effet l'enfant : "Veux-tu être baptisé", et on répond pour lui "Je veux", et pourtant il ne veut pas ; il pleure au contraire quand on le baptise. On lui demande encore s'il croit ceci ou cela, et on répond pour lui : "Je crois" et pourtant il ne croit pas car il n'a pas l'usage de la raison. On lui demande s'il renonce au diable et à ses pompes, et on répond pour lui que oui, et pourtant il ne renonce pas au diable au contraire, quand il commence à grandir, il dit des mensonges et fait les œuvres du diable. C'est pourquoi notre baptême ne valait rien. Mais leur baptême était bon, car il était d'Esprit Saint, et non d'eau, et aussi parce qu'ils étaient grands et avaient l'usage de raison quand ils étaient baptisés. Et dans ce baptême ils devenaient Fils de Dieu et recevaient sa filiation. Aucun de leurs croyants n'était Fils de Dieu ou ne recevait la filiation de Dieu s'il n'était pas baptisé de leur baptême.
Il disait aussi que leurs croyants, quand ils avouaient devant les inquisiteurs ou dénonçaient les hérétiques, sortaient de leur voie, et n'avaient plus part à un quelconque Bien venant d'eux. Ils supporteraient beaucoup de peines et de dégoûts avant de pouvoir être sauvés. Mais finalement ils seraient sauvés.
Il disait aussi que dans le sacrement de l'autel il n'y avait que du pain et du vin, même après la consécration, comme avant, et il ajoutait par dérision que si, dans ce sacrement, était le corps du Christ, et s'il était aussi grand que le mont Bugarach, il y a tant de curés qu'ils l'auraient déjà tout mangé, et il ne leur suffirait pas. »

(Extrait du Registre d'Inquisition)

**18 km** | **4 h 50** | **500 m** | **5ᵉ étape**
**VARIANTE SUD**

# → Prugnanes
# → Puilaurens

L'**échappée** au milieu des vignes du Fenouillèdes se prolonge en direction de Caudiès, village occidental du spectaculaire synclinal. L'itinéraire quitte ensuite la vallée de la rivière Boulzane vers les gorges de Saint-Jaume et gravit la vallée d'Aigues-Bonnes pour se rapprocher ensuite de Puilaurens.

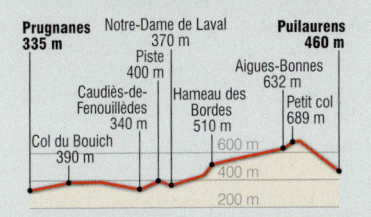

## RENSEIGNEMENTS PRATIQUES

- IGN 2348 ET Prades, au 1/25 000

### ❖ CAUDIÈS-DE-FENOUILLÈDES (66220)

- → www.caudies-si.fr
- → Épicerie, boulangerie
- → CH Côté Jardin, 5 pl., 68 €/2 p., pdj compris, Patrick Mathieu, 1 rue des Jardins, 04 68 59 93 52, www.saintjaume.blogspot.com

### ❖ LAPRADELLE-PUILAURENS (11140)

- → www.pays-axat.org
- → Épicerie et restaurants à Lapradelle (1 km au nord de Puilaurens)
- → CH La Folie, 6 pers., 04 68 69 19 85, info@lafolie.biz, www.lafolie.biz
- → GE Aygues Bonnes, 15 pl., 16 €/p., pdj 6 €, 1/2 pension 41 à 48 €/p. pdj compris, coin cuisine, panier-repas sur demande, colette.chazalet@wanadoo.fr, hameau d'Aygues-Bonnes, 04 68 20 51 90
- → **Le balisage officiel du Sentier Cathare fait désormais une large boucle sur les hauteurs de Prugnanes, en passant par le roc Paradet et l'estive de Campeau, avant de redescendre à Caudiès-de-Fenouillèdes.**
  **Nous choisissons ici de décrire l'itinéraire le plus direct, tel qu'il était emprunté autrefois, hors balisage jusqu'à Caudiès-de-Fenouillèdes, mais que nous jugeons plus efficient dans une logique de traversée de plusieurs jours.**
  **Si vous souhaitez toutefois suivre le balisage officiel en intégralité, vous trouverez son descriptif dans les pages suivantes, mais sachez que cela vous contraindra certainement à rajouter une étape à Caudiès-de-Fenouillèdes, avant de vous rendre seulement le lendemain vers Puilaurens.**

Prugnanes 335 m | Notre-Dame de Laval 370 m | Puilaurens 460 m
Piste 400 m | Aigues-Bonnes 632 m
Caudiès-de-Fenouillèdes 340 m | Hameau des Bordes 510 m | Petit col 689 m
Col du Bouich 390 m

La Vilasse, Sabordas et Saint-Pierre

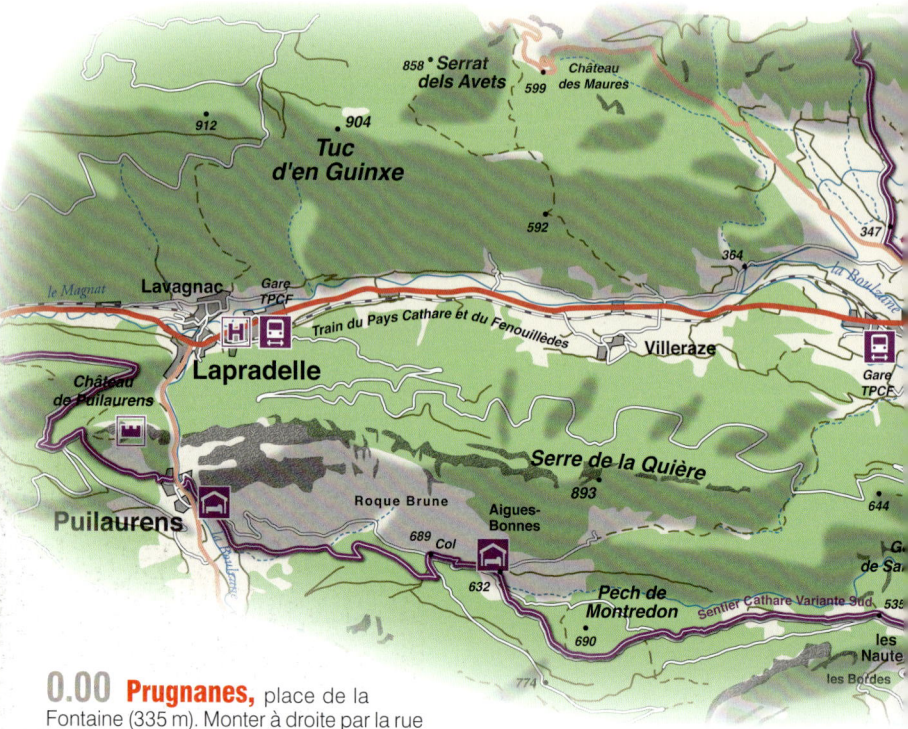

**0.00** **Prugnanes,** place de la Fontaine (335 m). Monter à droite par la rue du Bugarach, qui se prolonge 100 m plus loin sur la gauche par la rue du Camp-de-la-Fount (à droite, laisser le chemin d'accès de la veille et le gîte d'étape). Marcher toujours tout droit sur cette petite route (laisser un chemin secondaire à gauche) et plus loin sur le large chemin qui suit.

**0.15** **1,3 km** Intersection avec la **D 20,** près du virage de l'aven. Longer le goudron à droite sur 1 km, jusqu'au…

**0.30** **2,3 km** Petit **col du Bouich** (390 m). Cabanon sur la gauche. Prendre à droite la piste DFCI empierrée. Elle progresse en balcon dans la forêt domaniale du Moyen-Agly, franchit un gué en béton et accède à une intersection. Laisser le chemin venant de la gauche et poursuivre en face. Marcher tout droit en terrain semi-ombragé (chênes et jeunes pins), vers une…

**1.00** **4,3 km** **Intersection** de quatre chemins (390 m). Continuer à droite et ignorer très vite un chemin à droite (fléché « Campeau - Paradet »). Descendre ainsi dans une combe. Plus bas, rencontrer un chemin qu'il faut suivre à gauche.

Ignorer tous les chemins annexes pour descendre vers la plaine. Au milieu des vignes, une voie goudronnée prend le relais et conduit à l'entrée de Caudiès ; franchir ici le pont sur la Boulzane et tourner aussitôt à gauche sur la promenade des Basses. On retrouve ici le balisage officiel du Sentier Cathare (venant de la droite depuis le roc Paradet et Campeau).

**1.30** **6,5 km** **Caudiès-de-Fenouillèdes** (340 m). Franchir prudemment la D 117 et poursuivre en face sur la D 9, en direction de Fenouillet. 150 m après la voie ferrée, tourner à droite le long d'une haie (chemin de Majas). Au-delà des habitations, un chemin grimpe entre les vignes.
Après deux piliers en pierre, à l'intersection en Y, choisir l'option de droite. À hauteur

Les gorges de Saint-Jaume

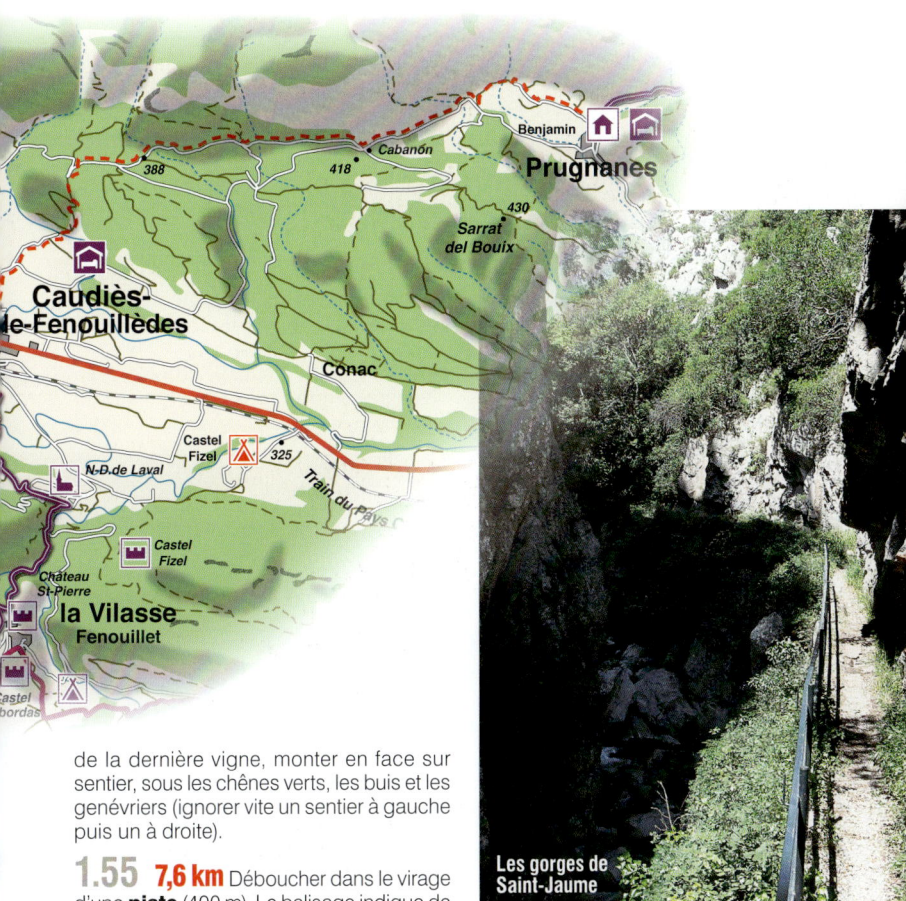

de la dernière vigne, monter en face sur sentier, sous les chênes verts, les buis et les genévriers (ignorer vite un sentier à gauche puis un à droite).

**1.55  7,6 km** Déboucher dans le virage d'une **piste** (400 m). Le balisage indique de la suivre à gauche, jusqu'à un carrefour de chemins (393 m). Des trois chemins formant un trident face à vous, opter pour celui du milieu, qui descend légèrement sous une allée de pins et accède à la…

**2.10  8,3 km** Chapelle **Notre-Dame de Laval** (370 m). Marcher à droite, en bordure de route, jusqu'au pont sur le ruisseau de Saint-Jaume. Là, avant le pont, suivre à droite un sentier qui remonte les gorges de Saint-Jaume. Par un cheminement en terrasse et une succession de passerelles, remonter les gorges sur plus d'un kilomètre rive gauche, puis rive droite.
Après un ancien moulin, près d'une chute d'eau, repasser rive gauche grace à la pas-serelle à droite (laisser le sentier en face). De l'autre côté, un sentier grimpe vers le…

**2.45  10,2 km Pont des Nautes** (443 m). Ignorer le balisage du GR 36 (qui s'échappe à gauche vers la Vilasse) et monter en face sur la petite route qui passe entre deux bâtiments. 150 m après, entre deux pylônes électriques, prendre à droite un sentier assez raide. Il grimpe entre les haies de petits chênes et parvient au…

**2.55  10,6 km Hameau des Bordes** (510 m). Point d'eau sur la gauche. Se glisser entre les murs et descendre à droite sur la route principale. Laisser ainsi le Tour du

55

Fenouillèdes à gauche (balisage jaune et rouge). Dans le premier virage, au lieudit la Coume, emprunter à gauche une nouvelle route.

Un bon chemin lui succède. Il remonte désormais un grand moment dans la vallée d'Aigues-Bonnes. Dans la montée, on rencontre trois intersections en Y. À la première, choisir la branche de droite, puis celle de gauche au deuxième et au troisième carrefours. Dans la partie haute du vallon, la piste contourne le Pech de Montredon et descend tranquillement vers le…

**4.00 14,8 km** Hameau d'**Aygues-Bonnes** (632 m). Chambres d'hôtes. Pour continuer vers Puilaurens, prendre la voie goudronnée qui monte derrière la bâtisse sur 600 m.

**4.10 15,4 km Petit col** (689 m) : quitter le goudron et traverser la piste pour dénicher en face le départ d'un sentier discret (clôture). Seule la variante équestre descend à Puilaurens par la route de droite. Le sentier piéton monte sec sous les résineux jusqu'au virage d'un chemin plus large. Faire alors 20 m et virer aussitôt à droite sur un nouveau sentier qui file sous les pins sylvestres. Il progresse sur une croupe puis glisse dans le vallon de Roque Brune. Plus bas, longer tout droit d'anciens prés.

**4.40 17 km** Tomber sur un chemin que l'on suit à droite puis, sur une route, que l'on descend cette fois à gauche.

**4.50 18 km Puilaurens** (460 m). Chambres d'hôtes dans le village, au sud du village («La Folie»).

### ✠ FENOUILLET

Le village était le siège d'une vicomté médiévale. Le vicomte Pierre de Fenouillet, croyant cathare mort consolé, fut condamné après le traité de Corbeil (1258) et son fils Hugues de Saïssac dépossédé. Le petit village de Fenouillet est encadré par deux forteresses aujourd'hui ruinées : le château de Fenouillet (ou de Saint-Pierre) d'une part, et le château de Sabarda d'autre part. Dans la même commune, une troisième fortification s'élève à la sortie de la vallée de Paume, c'est le château de Castel-Fizel.

### ✠ PUILAURENS, UN CHÂTEAU DU FENOUILLÈDES

La première mention du site fortifié apparaît en 985. Le château appartient à la famille de Fenouillet, dont le suzerain est le comte de Bésalù. En 1111, les domaines du comte de Bésalù, mort sans postérité, sont réunis à ceux du comte de Barcelone. En 1162, lors de la création du royaume d'Aragon, le Fenouillèdes devient marche frontière. Après la croisade, vers le milieu du XIIIe siècle, Puilaurens appartient au roi de France qui ordonne des travaux en 1255. Forteresse royale, Puilaurens subira le sort commun des châteaux royaux et perdra toute importance au traité des Pyrénées. Puilaurens se compose de deux enceintes* accolées, dont le tracé irrégulier épouse strictement les contours du rocher. L'accès s'effectue côté ouest au moyen d'une rampe en chicane* ménagée dans la faille des rochers formant l'assiette de la forteresse. La première enceinte, longue de 65 m et d'une largeur de 25 m environ, est fermée par des courtines* qui ont conservé toute leur élévation de 8 à 10 m de hauteur et qui, ce qui est plus rare, offre encore l'essentiel du crénelage*.

Les courtines enserrent une grande cour. Une tour aux murs lisses défend le milieu du front sud. Une première poterne est ménagée au pied de la tour semi-circulaire, ouverte à la gorge, qui occupe l'angle sud-est. L'extrémité est de l'éperon offre un point de vue sur Puilaurens et la vallée de la Boulzane. Une seconde poterne occupe la partie centrale du front nord, non loin d'une citerne accolée au pavement interne.

Pour accéder à l'ensemble fortifié à l'ouest, il faut emprunter une rampe qui passe au-dessus de l'entrée principale et pénètre dans la seconde enceinte par une porte pourvue d'un assommoir*. Le second ensemble fortifié s'organise autour d'un donjon sensiblement carré aux murs peu épais, flanqué de deux tours. Un conduit porte-voix est creusé dans la paroi sud.

Peu de vestiges semblent pouvoir être datés d'une période antérieure à la croisade, l'essentiel des constructions, comme pour les autres châteaux royaux, pouvant être daté de la deuxième moitié du XIIIe et du début du XIVe siècle avec des adjonctions plus tardives (murs avec des meurtrières* pour armes à feu) datables des XVIe ou XVIIe siècles. (Visite payante de début juin à fin septembre.)

**Le château de Puilaurens**

# 5e étape BIS  17,5 km  4 h 20  740 m

# → Prugnagnes
# → Caudiès-de-Fenouillèdes

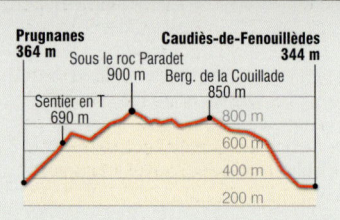

Si la liaison directe vers Caudiès (décrite plus avant) nous semble plus pertinente dans une logique de traversée, vous trouverez toutefois ci-après le descriptif de la portion balisée du Sentier Cathare qui peut présenter l'inconvénient de rallonger l'itinéraire global d'une demi-journée de marche, vous obligeant certainement à rajouter une nuit à Caudiès-de-Fenouillèdes.

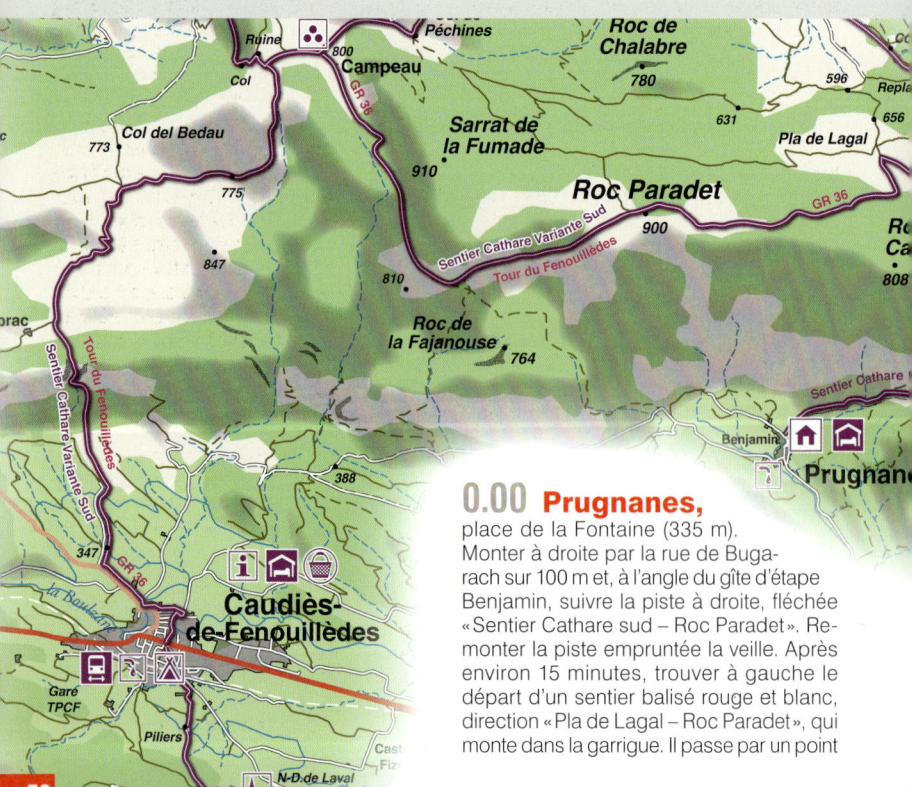

**0.00 Prugnanes,** place de la Fontaine (335 m). Monter à droite par la rue de Bugarach sur 100 m et, à l'angle du gîte d'étape Benjamin, suivre la piste à droite, fléchée « Sentier Cathare sud – Roc Paradet ». Remonter la piste empruntée la veille. Après environ 15 minutes, trouver à gauche le départ d'un sentier balisé rouge et blanc, direction « Pla de Lagal – Roc Paradet », qui monte dans la garrigue. Il passe par un point de vue sur la vallée puis s'immisce dans la chênaie qui tapisse une combe rocheuse. Le sentier s'en extrait par la droite (large courbe), et parvient plus haut à une…

**0.45  2,5 km Intersection de sentiers en T** (690 m) : suivre à gauche, direction « sentier des grottes » (ignorer la trace la plus discrète à gauche). Après la traversée d'une clairière (721 m), le balisage rouge et blanc indique de conserver le chemin en face, en légère descente sur le versant nord de la montagne, sous les chênes. À 690 m, laisser filer à gauche le « sentier des grottes » (balisé en jaune) et poursuivre tout droit. Le chemin traverse ensuite la grande clairière du Pla de Lagal.

**1.05  3,9 km** Au cœur des prés du **Pla de Lagal** (680 m), bifurquer complètement à gauche sur un chemin venant de la gauche. Remonter cette longue piste qui grimpe en pente douce sur le versant oriental du roc Paradet (garder le chemin principal).

**1.45  6,3 km** Le chemin passe 20 m sous le sommet du **roc Paradet** (900 m, croix), d'où l'on profite d'une belle vue entre Fenouillèdes et vallée de l'Agly, de Peyrepertuse et Quéribus à Puilaurens. Descendre sur le versant opposé (ouest) par le large chemin sur 200 m puis, au Y, attention à bien bifurquer à gauche sur un sentier au départ peu marqué. D'abord à plat sur le plateau, il perd un peu d'altitude (point de vue) puis remonte dans les pelouses vers un second dôme (830 m). De là, le sentier descend plus franchement dans la garrigue.

**2.10  8 km Intersection de sentiers** dans la forêt (810 m) : suivre le sentier de droite, direction « Campeau » (clôture). La trace remonte un peu dans les blocs calcaires puis décrit une longue traversée, presque horizontale, entre les buis. Ce vieux chemin pastoral longe d'anciens prés et atteint les…

**2.45  10,2 km** Ruines du hameau de **Campeau** (800 m), visitées également par la variante nord du Sentier Cathare. Tournant le dos aux ruines, suivre à droite un vague sentier qui file vers l'ouest (puits). Il remonte de vieilles terrasses puis débouche dans le coude d'un chemin herbeux, à suivre en face. L'abandonner vite à la base d'un pré pour monter tout droit en bordure d'un vieux muret en pierre envahi par les ronces.

**2.55  10,6 km Ruines de la bergerie de la Couillade** (850 m). Bifurcation importante : la variante nord du Sentier Cathare poursuit vers la droite vers Bugarach ; pour aller à Caudiès (variante sud), tourner à gauche sur un large chemin (commun avec le GR®36). Il descend régulièrement dans une large combe puis s'oriente vers l'ouest pour atteindre de vastes prés. À l'intersection en Y (763 m), poursuivre à gauche sur le chemin le plus large. 300 m plus loin, le chemin principal quitte ces pâturages en bifurquant vers le sud, pour descendre à gauche au milieu des buis. Passer trois lacets en contrebas et avancer encore sur 500 m.

**3.30  14 km** Avant d'atteindre les ruines de Malabrac, le balisage indique de **quitter le chemin** (670 m) pour prendre un sentier sur la gauche (flèche « Caudiès »). À partir d'ici, bien suivre les indications du balisage. 150 m après, tourner cette fois à droite pour basculer sur un nouveau sentier, assez discret, prolongé par une belle allée horizontale sous les buis. 100 m plus loin, virer cette fois à gauche pour déboucher dans un ancien pré (citerne en pierre sèche) et prolonger en face sur un sentier encombré par la végétation. Atteindre ainsi le rebord du plateau calcaire d'où l'on domine la vallée de Caudiès. Le sentier plonge résolument dans une combe rocheuse (assurez vos pas) et, par une descente assez raide, rejoint ainsi le fond de vallée.

**4.00  15,7 km** La pente s'atténue et vous parvenez sur **une piste partiellement goudronnée**, que vous suivez à gauche. Une fois sur la D 9, l'emprunter vers la gauche pour entrer dans Caudiès par le pont sur la Boulzane et la rue dans son prolongement. Au sommet de la première rue (carrefour), prendre à gauche la rue de la Bartasse. Avant le second pont (domaine de Majas), tourner à droite (promenade des Basses).

**4.20  17,5 km Caudiès-de-Fenouillèdes** (340 m), D 117.

# 6ᵉ étape
**VARIANTE NORD**

🚶 24 km    ⏳ 6 h 30    ↗ 700 m

# → Bugarach
# → Quillan (La Forge)

Après avoir quitté les Hautes-Corbières, le sentier passe insensiblement aux vallonnements boisés de la haute vallée de l'Aude où s'accrochent les derniers vignobles, pour découvrir, du haut du pic de Bitrague, le cirque et sur les rives de l'Aude, la ville de Quillan, capitale des Pyrénées audoises, dont les grandes falaises dressées au sud annoncent les montagnes pyrénéennes.

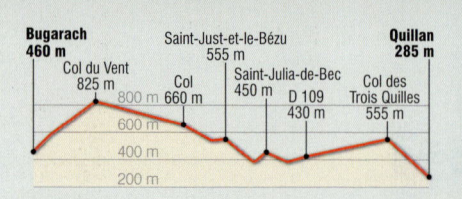

**Bugarach** 460 m — Col du Vent 825 m — Col 660 m — Saint-Just-et-le-Bézu 555 m — Saint-Julia-de-Bec 450 m — D 109 430 m — Col des Trois Quilles 555 m — **Quillan** 285 m

## RENSEIGNEMENTS PRATIQUES

🌐 IGN 2347 OT Quillan, au 1/25 000

### QUILLAN (11500)

- → OT, square André-Tricoire, 04 68 20 07 78, www.aude-pyrenees.fr
- → Tous commerces et services, gare SNCF
- → GE et camping au Centre de séjour La Forge, 1 km au sud de Quillan, 73 pl. en ch. de 1 à 8 lits, de 16 à 19 €/p., 1/2 pension 34 €/p. ; 35 empl., tente 7 €/p., 1/2 pension 24 €/p., pdj 5,50 €, repas 13 €, coin cuisine, (du 15/09 au 31/03 uniquement groupe min. 20 p.), route de Perpignan, 04 68 20 23 79, www.laforgedequillan.fr
- → CH La Cour, 4 ch., d'avril à oct., David Jones, 4 rue Racine, 04 68 69 50 96, 06 73 58 29 25 mess tel NO rép.
- → CH Betula, 3 ch., 40 à 60 €/2 p., pdj compris, repas 20 €, panier-repas 10 €, Julia Edmonds Frances, 6 av. de la Cancilla, 04 68 20 54 94, frannieq@sfr.fr,
- → CH Villa Liléon, 2 ch., 60 €/2 p., pdj compris, Liliane Olard, av. F.-Mitterand, 04 68 20 00 08, olardliliane@hotmail.fr
- → CH Casalys, 11 pl., de 55 à 115 €/1 à 5 p., pdj compris, de mars à sept., 49 Grande rue Vaysse-Barthélémy, 09 53 71 70 45, maguy@casalys.com, www.casalys.com
- → CH L'Olivette, 3 ch., 40 €/p., 60 €/2 p., pdj compris, repas 20 €, panier-repas 10 €, Silvia Golden Dalby, chemin Noir, 04 68 20 38 12, www.audebreaks.com
- → Camping municipal La Sapinette, 40 empl. tentes, du 01/04 au 31/10, 21 rue René-Delpech, 04 68 20 13 52, www.camping-la-sapinette.fr
- → HR La Pierre Lys, 16 ch., de 44 à 59 €/2 p., pdj 8 €, repas menus de 15 et 25 € de mi-déc. à mi-nov., route de Carcassonne, 04 68 20 08 65, www.la-pierre-lys.fr

Saint-Julia-de-Bec

**0.00 Bugarach** (460 m). 150 m avant la Maison de la nature et de la randonnée, prendre la piste au départ bien balisé qui s'élève plein sud (barrière métallique à l'entrée). Au bout de 20 min, elle entre dans la forêt en virant sur la droite. Bientôt, après le passage sous une ligne électrique, l'abandonner pour un sentier sur la gauche, sous les pins sylvestres. En quelques lacets soutenus, atteindre ainsi un chemin plus sage. Le suivre à droite un bon moment, par une progression à flanc de montagne, jusqu'au…

**1.15 3,8 km** Carrefour du **col du Vent** (825 m). Emprunter à droite la piste défendue par une barrière canadienne. Elle redescend longuement à flanc dans la forêt de Saint-Just et le Bézu. En chemin, très belle vue sur la vallée et la petite arête rocheuse supportant les ruines du château des Templiers. À mi-descente, après une nouvelle barrière, continuer à droite sur la piste.
Après la troisième barrière (vue sur le Pech de Bugarach), laisser un chemin à droite, dépasser le hangar agricole de la Jacotte et parvenir à une intersection (663 m). Poursuivre à gauche sur une portion goudronnée puis par le chemin de droite au Y qui suit en direction d'un…

**2.30 8,9 km Col** dominant les maisons du Bézu (660 m). Descendre à gauche le long du cimetière, traverser le village (point d'eau potable à la sortie) et quitter les maisons par la route d'accès, toujours en descente. Elle franchit le ruisseau du Bézu et accède à un carrefour routier.
Suivre la nouvelle route à gauche pendant 5 min, puis un sentier et un chemin sur la gauche, dominant la route de quelques mètres et rejoignant…

**3.20 11,2 km Saint-Just-et-le-Bézu** (555 m). En face de la fontaine, descendre à droite contre une habitation et choisir à gauche un chemin le long d'un muret. Il longe un pré en dévalant des affleurements calcaires. Laisser ensuite un chemin à droite et poursuivre en face.
Près d'une croix en pierre, avancer maintenant sur un sentier de plus en plus cailouteux et raviné au fur et à mesure qu'il pord

de l'altitude. En bas, passer un joli gué et continuer en face, toujours sur sentier. Il débouche sur une route que l'on remonte à gauche en passant près du moulin de Balence pour rallier…

## 4.00 13,5 km Saint-Julia-de-Bec

(450 m). Fontaine. Sans passer sous le porche, rejoindre à gauche la Placeta et remonter la rue de la Font-d'Amont. Au bout (mini-lavoir), poursuivre à droite sur un chemin en terrasse. Un peu plus loin, au Y (croix), descendre à droite pour tomber sur une route que l'on suit à gauche.

Après un S, avant le mas d'En Poubils, prolonger à gauche sur le chemin (départ herbeux puis caillouteux). Laisser ensuite un chemin à droite puis, après un lacet, continuer en face. Le chemin franchit le ruisseau de Saint-Bertrand (pont) et remonte sur l'autre rive jusqu'à atteindre la…

## 4.35 15,9 km D 109

(430 m). Longer le goudron à droite dix bonnes minutes (1 km) jusqu'à un large pont en pierre situé dans un virage. Juste après le pont (portail jaune à droite), prendre le chemin qui s'enfonce dans la forêt à gauche. Ignorer tout de suite une sente plus raide sur la droite. Il reprend de l'altitude par une série de virages en lacets à la pente régulière, puis décrit une longue traversée vers l'ouest.

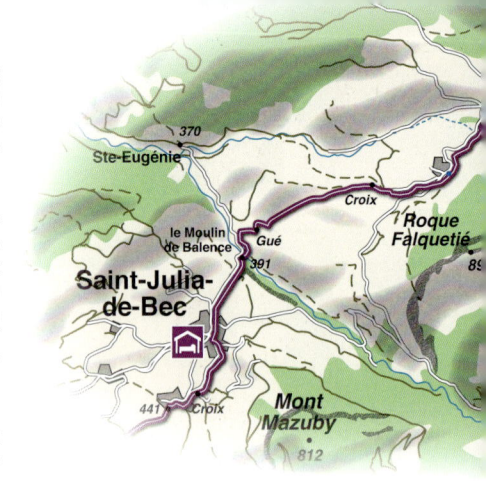

## 5.45 20,6 km Col des Trois Quilles

(555 m). Vue sur Belvianes-et-Cavirac et sur les gorges de la Pierre-Lys au sud, sur la vallée de l'Aude au nord. Le chemin continue versant nord en contournant les Trois Quilles. 500 m après, à hauteur d'un nouveau col (au pied du pic de Bitrague – accès par sentier balisé en jaune), abandonner la piste pour descendre désormais sur un sentier à gauche, en versant sud. Vue plongeante sur Quillan. En contrebas, passer un collet en laissant un sentier à droite et continuer sur le sentier principal, de nouveau versant nord.

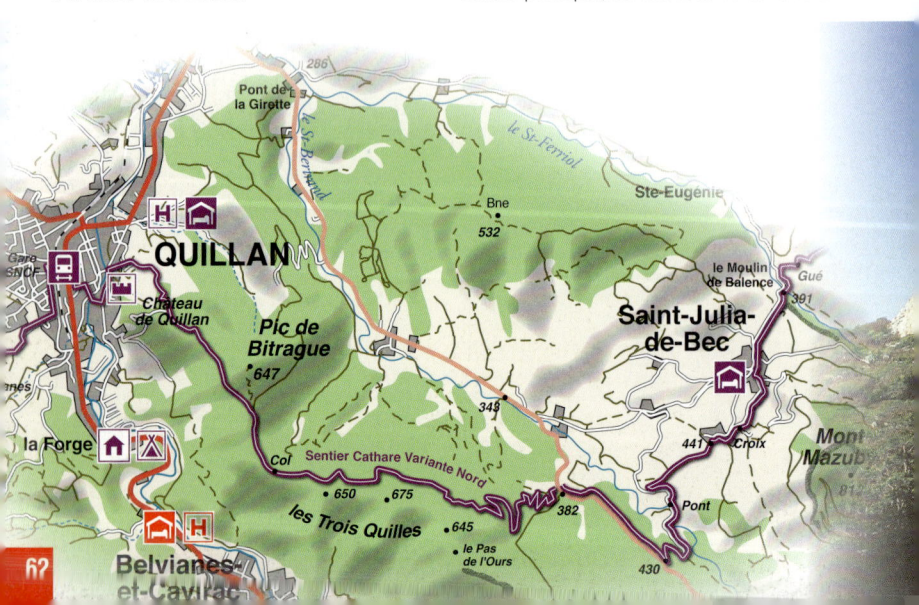

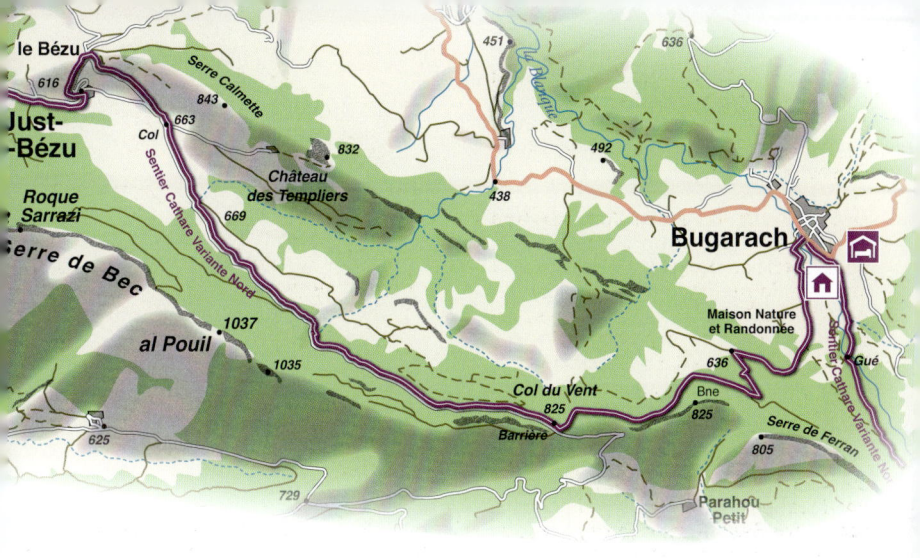

Plus bas, tomber sur un chemin que l'on suit à droite ; il passe près d'un pylône électrique. Par une série de lacets, rejoindre la partie haute d'un lotissement. Descendre sur la route et emprunter à gauche une voie sans issue relayée par un chemin passant sous le château de Quillan. Une ruelle à droite plonge vers le…

**6.15** **23,0 km** Pont Vieux de **Quillan** (285 m).

Pour rejoindre le gîte de la Forge, suivre le quai du Pouzadou à gauche et, dans son prolongement, l'avenue de Cancilla, au-delà d'une usine. Après un kilomètre rive droite de l'Aude, une passerelle en face permet de changer de rive et d'accéder au…

**6.30** **24,0 km** Centre de séjour sports et nature de **la Forge** (gîte d'étape).

Le pech de Bugarach

Quillan

### ✠ LA HAUTE VALLÉE DE L'AUDE : UN TORRENT DANS LA FORÊT

Nous pénétrons donc dans le domaine des eaux vives et des forêts. C'est au niveau du défilé de la Pierre-Lys que le sapin remplace le chêne vert. Cette zone montagneuse surprend par son alternance de vallées ensoleillées et de plateaux recouverts de pâturages, de vastes forêts, par son climat changeant qui mêle neige et soleil, brouillard et ciel pur, hivers froids et étés très chauds, avec l'éternelle présence du vent. L'habitat s'adapte et devient montagnard.

L'Aude ici a pris l'allure d'un torrent de montagne dont le flot est apprivoisé par un escalier de centrales hydroélectriques : l'axe de vie de ce pays audois, creusé de défilés et gorges profondes, jadis utilisé pour le flottage du bois, n'est aujourd'hui emprunté que par les canoës-kayaks. L'eau, absente des plateaux, réapparaît dans les vallées où l'on exploite depuis toujours les sources thermales : Rennes-les-Bains, Alet-les-Bains. Ce pays de montagne est un véritable paradis pour le randonneur qui chemine dans une apothéose de verdure. Les bases de l'économie locale sont l'exploitation forestière, l'élevage, ainsi que l'hydroélectricité et les industries de la chaussure, de la chapellerie et des dérivés du bois. Les loisirs de montagne, tels la pêche à la truite, le ski de fond et le ski alpin dans le Pays de Sault, y sont pratiqués. Le musée du dinosaure à Espéraza est un des pôles d'intérêt de la région.

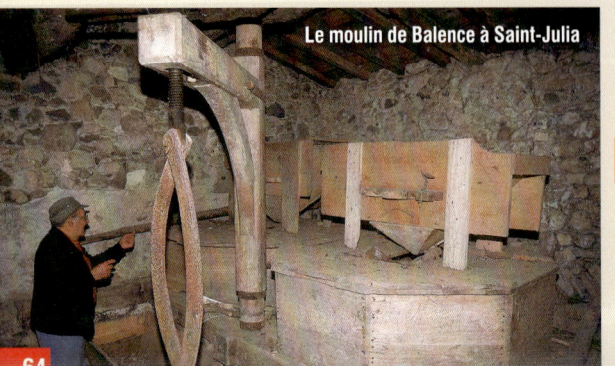

**Le moulin de Balence à Saint-Julia**

### ✠ LE BÉZU, ÉPERON DE ROC

Le sentier nous conduit au village de Saint-Just-et-le-Bézu. La première mention de son château, le château d'Albedun, nom médiéval du Bézu, date de 1067. Il fut pris par Simon de Montfort au début du XIII<sup>e</sup> siècle. Ses seigneurs participèrent activement à la résistance pendant la croisade. On ne sait si cette famille resta ou non en possession du castrum*. La datation du castrum peut se situer vers le XIII<sup>e</sup> siècle. On raconte que là, en 1344, le neveu du pape Benoît XII aurait été pris en flagrant délit par les agents de la sénéchaussée royale, fabriquant de la fausse monnaie. On retrouve la mention d'un fort en 1579, pendant les guerres de Religion, mais en 1594 le château est déjà ruiné.

Le Bézu fut le fief des Bernard Sermon père et fils et de leur fille et sœur Miracla, parfaite cathare. Ils y accueillent l'évêque cathare Guilhabert de Castres après la paix de 1229. Dépossédé, Bernard Sermon devait se réfugier à la cour de Jacques d'Aragon. Le seigneur d'Albedun fit le pèlerinage de Montségur vers 1234.

Le château est perché sur une arête rocheuse (832 mètres), à 2 km à l'ouest du hameau du Bézu : il domine la vallée du Bugarach, limitée au sud par le plateau du Lauzet. L'accès se fait par le sud-est, où l'on parvient à une plate-forme. Les mines occupent le sommet de l'arête : pour construire ce château on utilisa au maximum le rocher, les faces ouest et nord du donjon sont taillées dans le roc. Les vestiges en eux-mêmes sont peu spectaculaires, mais leur position les rend dignes d'intérêt. D'est en ouest, on découvre successivement les vestiges d'une tour sur 7 m de haut, l'emplacement d'une hypothétique citerne, les restes du donjon sommital et les mines d'une enceinte à l'extrémité ouest de la crête.

### ✠ QUILLAN, À LA CROISÉE DES ROUTES

La ville de Quillan s'étale sur les deux rives de l'Aude, au pied des barrières montagneuses, de la forêt des Fanges à l'entrée du défilé de la Pierre-Lys. Sa situation est une position privilégiée de carrefour, sur les routes du Capcir, de la Cerdagne, du Fenouillèdes, des Pyrénées ariégeoises et de l'Espagne. La ville commande les accès de la haute vallée, du plateau de Sault et ouvre la porte du Roussillon. Ancien centre de chapellerie, Quillan est aujourd'hui une petite ville très animée. Il existait à Quillan un port dans lequel arrivait par flottage le bois qui était acheminé par la rivière depuis le lieu d'exploitation.

Au sommet d'une éminence, les ruines du château de Quillan dominent le cours de l'Aude, sur la rive gauche. Le lieu est cité en 804, propriété de l'archevêque de Narbonne. Le château fut édifié au XIII<sup>e</sup> siècle. Occupé par les Aragonais en guerre contre le vicomte de Trencavel, le château reviendra au début du XIII<sup>e</sup> siècle à l'archevêque de Narbonne. Pendant la croisade, Quillan est confié par Simon de Montfort à son fidèle lieutenant Guy de Lévis. Le château, par la suite, connaîtra les malheurs des guerres de Religion : incendié par les Huguenots en 1575, il sera remis en état en 1628 pour l'archevêque de Narbonne, puis démantelé en 1735. Vendu à la Révolution, il sera acquis par la ville. Le château de la fin du XIII<sup>e</sup> siècle est de plan carré avec échauguettes* en encorbellement* aux angles et une tour-porte aujourd'hui très ruinée. Les maçonneries extérieures sont en bel appareil* de pierres à bossage*, avec archères*, larges baies, poternes* en pierre locale.

Au hasard des rues et ruelles, places et placettes de la « ville nouvelle », Quillan révèle encore des vestiges de grand intérêt : l'hôtel de ville du XVIII<sup>e</sup> siècle (ancien hôtel des seigneurs d'Espezel), le couvent de l'Ange Gardien (XVIII<sup>e</sup> siècle), l'église Notre-Dame d'origine romane rebâtie en 1677, le pont (XVII<sup>e</sup> siècle).

### ✠ LE DÉFILÉ DE LA PIERRE-LYS

L'abbé Félix Armand, natif de Quillan, créa la route de la Pierre-Lys en 1777 avec ses paroissiens. Le pic à la main, il ouvrit un passage dans la roche pour faire communiquer la plaine de Quillan avec le Roussillon, le Capcir et la Cerdagne : le « Trou du curé », destiné à désenclaver le pays. L'inscription sur le tunnel, porte ces mots : « Arrête voyageur, le Maître des humains a fait descendre ici la force de la lumière, il a dit au pasteur : accomplis mes desseins ! Et le pasteur des monts a brisé la barrière ». Le sentier est aménagé sous la roche forée, qui devient route accessible aux voitures dès 1814. C'est ici une des gorges les plus pittoresques et les plus sauvages de la région.

### ✠ LES SAPINS DES FANGES

La forêt des Fanges couvre 1 200 hectares, on peut y accéder par Quillan, Bugarach, Axat et Caudiès. Elle occupe tout le massif montagneux, de la Pierre-Lys au col de Saint-Louis. La ligne de faîte est ponctuée par la crête de la forêt des Fanges (1 052 mètres), de la Courue-de-Bec (1 029 mètres). La sapinière est magnifique (sapins, essences variées telles que cèdres de l'Atlas, épicéas…) ; elle a conquis le sol chaotique mais est soumise à des régressions, dues à sa faible altitude.

# 6e étape
**VARIANTE SUD**

👣 23 km    ⏳ 6 h 15    ⛰ 700 m

## → Puilaurens
## → Quirbajou

**Implanté** sur une éminence anciennement nommée Mont Ardu, le château de Puilaurens servit essentiellement de refuge aux Cathares en fuite. Le site sera fortifié plus tard pour faire face aux invasions espagnoles, nous rappelant la proximité de la chaîne pyrénéenne, aujourd'hui pacifiquement poreuse. L'itinéraire traverse la vallée de l'Aude et ses eaux issues des cimes enneigées du Capcir, puis remonte la longiligne vallée du Rébenty, où chaque village rencontré offre une possibilité d'étape, à vous de composer… Des hauteurs de Quirbajou, le Pays de Sault se profile à l'horizon.

Profil : Puilaurens 460 m – Château de Puilaurens 600 m – Col de Campérié 525 m – Axat 400 m – Cailla 520 m – Carrefour 538 m – Marsa 492 m – Quirbajou 810 m

### RENSEIGNEMENTS PRATIQUES

- IGN 2348 ET Prades et 2248 ET Axat – Quérigut, au 1/25 000

#### AXAT (11140)
- → www.axat.fr
- → Tous commerces, restaurants
- → CH Aux 4 Saisons, 5 ch., de 50 à 65 €/2 p., pdj compris, panier-repas, Paul Bridgestock, 101 route de Font-Romeu, 04 68 20 14 67, www.sudfrancechambresdhotes.com
- → H Axat, 10 ch., de 47 à 52 €/2 p., pdj 7 €, du 01/04 au 01/11, 101 route départementale, 06 42 30 87 87, www.hotelaxat.com
- → Camping La Crémade, 75 pl., 04 68 20 50 28, mairie.axat@wanadoo.fr
- → Camping du Moulin du Pont d'Aliès, 100 empl., tente de 9,50 à 13 €/p., bengali/chalet 25 €/p., mobile-home 35 €/p., pdj 4,50 €, snack et pizza, fermé en déc., 1 km au nord d'Axat, Roland Bernadin, 04 68 20 53 27, www.alies.fr

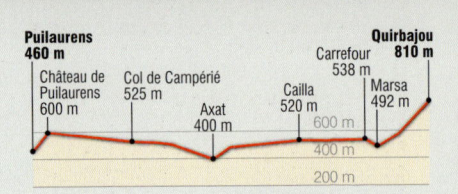

#### CAILLA (11140)
- → CH Les Terrasses de Cailla, 4 ch., 52 à 57 €/2 p., pdj compris, repas 20 €, panier-repas 12 €, Régine Crestia, impasse du Forgeron, 04 68 20 59 50, http://www.gites-de-france-aude.com
- → CH Le Rebenty, 3 ch., 1/2 pension 55 €/p., de mi-fév. à mi-nov., 04 68 20 50 78, www.lerebenty.com

#### MARSA (11140)
- → GE de Labau, 25 pl., de 17 à 25 €/p., pdj 6 €, 1/2 pension 37 à 48 €/p., panier-repas, coin cuisine, accueil équestre, Patrice Somogy, 3 km après Marsa, 04 68 20 54 12, 06 89 38 84 03, patrice.somogyi@orange.fr
- → CH Domaine des Massols, 4 ch., de 65 à 80 €/2 p., 04 68 11 40 70 / 06 89 38 84 03, www.gites-de-france-aude.com

#### QUIRBAJOU (11500)
- → GE et CH La Maison Jaune, 6 pl., 16 €/p., et 2 ch., à partir de 42 à 46 €/2 p., pdj compris, repas 16 €, coin cuisine, panier-repas 8 €, Stéphane Warot et Françoise Warot-Bellis, 04 68 20 18 86, www.accueil-paysan.com/fr/catalog/structure/705

**0.00 Puilaurens** (460 m). Couper la D 22, prendre en face la rue du Château puis, sur la droite, près d'un appentis, une ruelle relayée par le sentier du château. Il grimpe en sous-bois vers le…

**0.15 1 km** Parking du **château de Puilaurens** (600 m). Accès payant au château. Suivre la route à gauche sur 100 m et la quitter dans le premier virage. Des deux pistes qui vous font face, choisir celle de droite.
La piste progresse à flanc vers le nord-est jusqu'à une crête boisée où, après un dernier regard sur la forteresse, elle change de cap pour se diriger maintenant plein ouest, toujours à l'horizontale. Plus loin, la piste franchit une nouvelle crête boisée et entame une descente. Rester sur le chemin principal jusqu'au…

**1.20 5,9 km Col de Campérié** (525 m). Juste avant le pont en pierre qui enjambe la voie ferrée, virer à gauche sur un chemin en bordure d'un pré. Cette allée empierrée longe la voie ferrée un moment puis prend de la hauteur sur la gauche.

**1.40 7,3 km Virage** très **marqué** de la piste (510 m) : la quitter à cet endroit pour suivre un sentier qui pénètre à droite sous les pins sylvestres. Près d'un petit bassin, accéder à une nouvelle piste que l'on emprunte à gauche.

**1.55 8,1 km Piste** venant de la droite (505 m) : la suivre en face. 150 m après, elle traverse le ruisseau de la Crémade et accède à un nouveau carrefour (aire de retournement pour les véhicules forestiers). Descendre sur le chemin de droite.

En restant toujours sur le chemin principal (laisser un chemin à droite), plus ou moins à l'horizontale, parvenir à un petit col dominant la vallée de l'Aude. La descente sur Axat débute par quelques lacets.
Traverser la voie ferrée et marcher tout droit vers le village. Point d'eau à l'angle de la première rue.

**2.30 10,5 km** Pont d'**Axat** (400 m). Dos à la mairie, longer la départementale à gauche sur 300 m, puis emprunter à droite la D 317 et la D 83 vers Artigues. Passer le pont sur la voie ferrée et, après le premier virage en épingle, prendre le chemin empierré complètement à droite. La piste décrit quelques lacets.
Au bout du chemin, poursuivre en face entre deux prés (bergerie en ruine sur la droite). Franchir un petit col (547 m) et descendre de l'autre côté sur le chemin principal jusqu'à…

**3.25 14 km La Prade** (505 m). Vente de fromage à la ferme. À l'entrée du hameau, virer à gauche sur dix mètres et aussitôt à droite sur la voie goudronnée qui descend vers un virage de la D 307 montant à Cailla. Remonter à gauche en bordure de route.

**3.45 15,5 km Cailla** (520 m). Chambres d'hôtes. À l'entrée, prendre à gauche la rue des Lavoirs et très vite à droite le chemin goudronné qui descend sur 800 m.
Au bout du goudron, avant une habitation (élevage), poursuivre à gauche sur un chemin quasi-horizontal. Passer deux clôtures électriques et marcher sur le chemin souvent défoncé par le bétail.

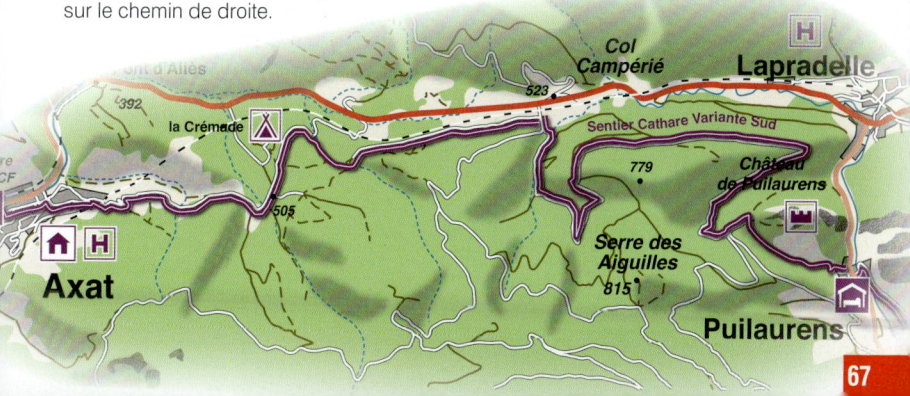

# Cailla et la vallée du Rébenty

**4.15** **16,9 km** Petit **col** herbeux **du Coucut** (525 m). Continuer sur le chemin en face. Après une clôture, progresser désormais sur un joli sentier ombragé qui reste à flanc de montagne un grand moment, en balcon au-dessus de la vallée du Rébenty.

**5.00** **19,4 km** **Carrefour** de trois pistes (538 m). Laisser la piste récente complètement à droite et, des deux pistes qui vous font face, prendre celle qui descend (soit celle du milieu) jusqu'à…

**5.10** **20 km** **Marsa** (492 m) et sa belle église. Emprunter le pont sur le Rébenty. Sur l'autre rive, longer la route à droite sur 150 m. Avant le pont de sortie du village, choisir un chemin herbeux sur la gauche, entre le parapet et une maison. Très vite, laisser le chemin pour le sentier qui s'élève sur la gauche, sous une ligne électrique. Cet ancien chemin charretier devenu sentier remonte à flanc en rive gauche de la vallée. Après une première traversée sur quelques escarpements rocheux, le sentier pénètre à gauche dans un vallon. Laisser un sentier à gauche et bien descendre à droite pour franchir le lit d'un ruisseau intermittent. Continuer à flanc.

Après la traversée d'un second ruisselet, la pente se redresse, le sentier décrit quelques lacets (points de vue sur la vallée du Rébenty), puis passe entre les falaises de la Bastounade. Des murets en pierres sèches et une croix en fer annoncent l'arrivée à…

**6.15** **23 km Quirbajou** (810 m). Charmant village exposé au sud, gîte d'étape rue du Dépiquage, peu avant l'église.

## Accès au gîte de Labeau depuis Marsa

**5.10** **20 km** **Marsa** (492 m). Sans emprunter le pont sur le Rébenty, prendre l'allée goudronnée puis le chemin qui remonte le long du cours d'eau. 600 m plus loin, à l'intersection en Y, choisir le sentier sur la gauche.

**5.30** **21,1 km** Franchir le **ruisseau de Grébi** grâce à un gué sur la droite. 50 m après, à l'intersection, rejoindre à droite la petite route de Labeau qui, par la gauche, hisse e randonneur fourbu au…

**6.00** **22,8 km** **Gîte de Labeau** (656 m), terminus du goudron.
Retour à Marsa en sens inverse le lendemain, rallongeant d'autant l'étape suivante.

L'église de Marsa

Puilaurens

Église et rocher de Puilaurens

## ✚ DU GENRE DE VIE ET DES RITES DES MANICHÉENS

Au début du XIVe siècle, à Toulouse, l'inquisiteur Bernard Gui rédige à l'intention de ses pairs un manuel pour mieux combattre toutes les formes d'hérésies. Les Cathares y sont appelés « nouveaux manichéens ».

Tout d'abord, il faut savoir qu'ils ne prêtent serment en aucun cas. Item, ils observent trois carêmes par an, à savoir de la Saint-Brice[1] à Noël, du dimanche de la Quinquagésime* jusqu'à Pâques, de la Pentecôte à la fête des apôtres Pierre et Paul. Ils appellent la première et dernière semaine de chaque carême semaines rigoureuses, car, pendant ce temps, ils jeûnent au pain et à l'eau et, pendant les autres semaines, trois jours au pain et à l'eau. Tout le reste de l'année, ils jeûnent au pain et à l'eau trois jours par semaine, sauf s'ils sont malades ou en voyage. Ils ne mangent jamais de viande, n'en touchent même point, pas plus que de fromages ou d'œufs ni d'aucun être né de la chair par voie de génération ou de coït[2].

Item, ils ne feraient périr, de quelque façon que ce fût ni un animal ni un volatile, car ils disent et croient que les esprits qui se retirent des corps des hommes non initiés à leur secte et à leur ordre par imposition des mains, effectuée selon leurs rites, se réfugient chez les animaux privés de raison et même chez les oiseaux et passent d'un corps dans un autre.

Item, ils n'ont de commerce avec aucune femme[3]. Item, au début du repas, lorsqu'ils sont entre eux ou entre « croyants », ils bénissent un pain ou un morceau de pain, le tenant dans leurs mains avec une étoffe blanche suspendue au cou ils récitent l'oraison *Pater noster* et rompent le pain en petites parcelles. Le pain, ils l'appellent pain de la sainte oraison ou pain de la fraction leurs « croyants » le nomment pain béni ou pain « signé »; ils en mangent au début du repas, en donnent et en distribuent à leurs « croyants ».

(Extrait de Bernard Gui)

1. Le 13 novembre.
2. Le poisson était permis, sous ce prétexte que l'eau l'engendrait.
3. L'œuvre de chair était réputée essentiellement mauvaise, parce qu'elle multipliait les corps matériels qui appartenaient au Dieu mauvais, et parce qu'elle retardait l'union des âmes au Dieu bon.

## 21 km — 5 h 45 — 700 m — 7ᵉ étape
### VARIANTE NORD

# → Quillan
# → Puivert

*Les environs de Puivert aux premières neiges*

La limite entre zone méditerranéenne et zone pyrénéenne est définitivement franchie au cours de cette étape. De la vallée de l'Aude, le passage s'opère en un peu plus d'une heure et demie de marche du vignoble et de l'olivier aux verts pâturages, aux profondes hêtraies et sapinières. Cette transition donne aux paysages un attrait particulier tant les contrastes sont saisissants dans un espace d'observation aussi restreint. En saison hivernale, l'enneigement peut déjà être un obstacle à la randonnée pédestre dès 600 mètres d'altitude, durant quelques semaines. Il convient de se renseigner avant de partir. Cette septième partie du parcours conduit dans la région du Quercorb, ancienne « Terre privilégiée » dominée par le château de Puivert.

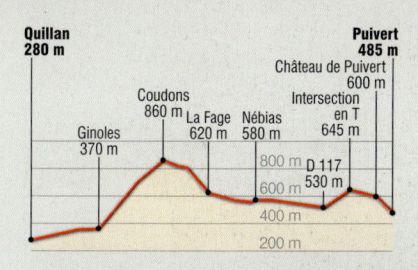

Quillan 280 m — Ginoles 370 m — Coudons 860 m — La Fage 620 m — Nébias 580 m — Intersection en T 645 m — D 117 530 m — Château de Puivert 600 m — Puivert 485 m

### RENSEIGNEMENTS PRATIQUES

⊕ IGN 2347 OT Quillan et 2247 OT Lavelanet, au 1/25 000

✤ **NÉBIAS (11500)**

→ Bar restaurant du Thury, 66 allée Promenade, 04 68 20 82 20

✤ **PUIVERT (11230)**

→ Tous services, épicerie, restaurants, musée du Quercorb, baignade au lac

→ GE et CH Relais des Marionnettes, 30 pl. dans 11 ch., de 15 €/p., pdj 5 €, 1/2 pension de 37 €/p., repas 15 €, panier-repas 7 €, coin cuisine, Françoise et Michel Dubrunfaut, 19 RD 117, 04 68 20 80 69, www.gite-puivert.com

→ CH Au Petit Verger, 12 pl., RD 117, 04 68 20 66 08, martyn.pickering@wanadoo.fr, www.puivertaccommodation.com

→ CH L'Ammarosa, 9 pl., 2 rue du Chemin-de-Ronde, 04 68 31 15 26, info@ammarosa.com

→ CH La Cocagnière, 11 pl., de 57 à 67 €/2 p., pdj compris, repas 20 €, panier-repas 8 €, à 2 km, M. Courtade et Mᵐᵉ Guérin, 3 place du Pijol, 04 68 20 81 90, www.lacocagniere.com

→ CH Horizons Verts, 5 pl., 2 route de Chalabre, 04 30 07 34 95 / 06 70 28 07 48, info@horizonsverts.eu

→ Camping de Puivert, 58 empl., tente 12,50 à 15,50 €/2 p., restauration, de mi-avril à mi-sept., près du lac, 04 68 20 00 58, www.camping-puivert.fr

chemin empierré qui débouche sur une voie goudronnée en contrebas du village. Au pont, suivre le goudron à gauche, puis à droite à la prochaine intersection (sens interdit) pour rallier

## 1.00  4,0 km  Ginoles (370 m), petite place du Foyer. Remonter la ruelle à gauche, contourner l'église par la droite (point d'eau) et prendre à gauche la rue du château d'eau.

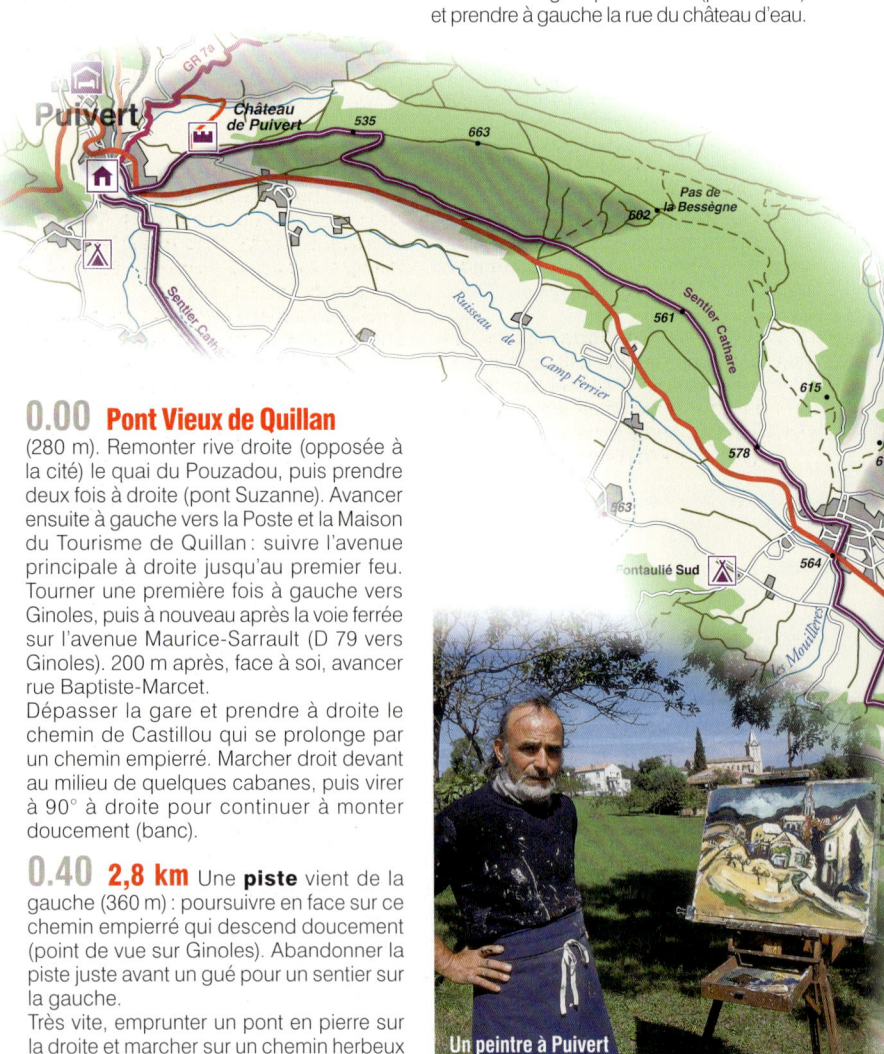

## 0.00  Pont Vieux de Quillan

(280 m). Remonter rive droite (opposée à la cité) le quai du Pouzadou, puis prendre deux fois à droite (pont Suzanne). Avancer ensuite à gauche vers la Poste et la Maison du Tourisme de Quillan : suivre l'avenue principale à droite jusqu'au premier feu. Tourner une première fois à gauche vers Ginoles, puis à nouveau après la voie ferrée sur l'avenue Maurice-Sarrault (D 79 vers Ginoles). 200 m après, face à soi, avancer rue Baptiste-Marcet.
Dépasser la gare et prendre à droite le chemin de Castillou qui se prolonge par un chemin empierré. Marcher droit devant au milieu de quelques cabanes, puis virer à 90° à droite pour continuer à monter doucement (banc).

## 0.40  2,8 km  Une piste vient de la gauche (360 m) : poursuivre en face sur ce chemin empierré qui descend doucement (point de vue sur Ginoles). Abandonner la piste juste avant un gué pour un sentier sur la gauche.
Très vite, emprunter un pont en pierre sur la droite et marcher sur un chemin herbeux entre les prés. Prolonger à gauche sur un

*Un peintre à Puivert*

À la sortie de Ginoles, près d'un réservoir, prendre le chemin qui monte sur la droite. Il est relayé par un sentier qui décrit des lacets réguliers sur des escarpements de roches noires. Bientôt, à l'intersection en Y, monter à droite entre les petits pins sylvestres, avec les falaises du Pech Tignous à main gauche.

**1.35  5,5 km  Intersection** en Y : continuer à monter sur le sentier à gauche. Il contourne tout le ravin des Gignes par un cheminement à flanc et accorde des vues sur Ginoles, Quillan et la crête des Trois Quilles. Garder le sentier, plus régulier qu'un raccourci rocheux raide sur la gauche. Le sentier débouche plus haut sur une piste. La suivre en face sur 300 m (laisser un chemin à gauche). Dans le premier virage (aire de stockage du bois), quitter la piste pour le sentier boisé à gauche qui remonte le vallon de la Canalette jusqu'à

**2.20  7,7 km  Coudons** (860 m). Descendre le long de la D 613, à droite. En sortant du village, 250 m en contrebas, prendre une petite route sur la gauche (croix en fer). Après le bâtiment agricole, progresser sur la piste en face jusqu'au

**2.30  8,5 km** Carrefour en Y du **Gros Hêtre** (826 m) : virer à droite en laissant le chemin empierré à gauche (balisage du GR®7). Marcher maintenant droit devant vous en laissant de part et d'autre des chemins annexes.
Le chemin passe sous une ligne électrique : attention, à cet endroit, il faut descendre à gauche sur un nouveau sentier. Il décrit quelques lacets entre buis, sapins et blocs calcaires. Couper plus bas un chemin forestier (715 m) pour continuer en face. En bas, rejoindre un chemin qui, par la gauche, conduit à

**3.00  10,3 km  La Fage** (620 m). Joli hameau, point d'eau. Suivre à droite l'avenue de la Croix-de-Simon sur 100 m, puis bifurquer à gauche entre une clôture et un potager. Vue sur la plaine de Nébias et le château de Puivert, au loin.
Le chemin sillonne entre les prés, traverse une plantation de résineux et accède à une intersection. Descendre à droite le long d'une clôture, puis au milieu des prés.

**3.20  11,9 km  Piste** empierrée (571 m) : la suivre à gauche vers une intersection de quatre chemins, où l'on vire cette fois à droite. Rejoindre ainsi la D 117. Monter en face vers le centre de

**3.40  13,1 km  Nébias** (580 m). Point d'eau, musée. Dos à l'église, suivre l'allée de la Promenade à gauche (vers l'ouest) sur 150 m, puis choisir à droite l'allée de la Chapelle. Après l'édifice dédié à sainte Claire, une piste empierrée prend le relais.

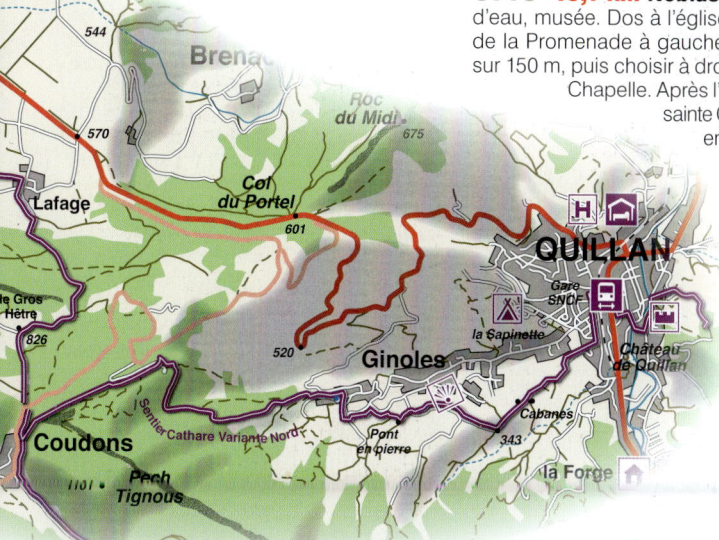

Ginoles

**3.55** **14 km** **Intersection** de chemins (578 m). Hors itinéraire, à droite, possibilité d'accès aux étonnants couloirs rocheux de Nébias (30 min aller et retour). Des deux chemins parallèles qui vous font face, le Sentier Cathare emprunte celui de gauche.

**4.05** **14,4 km** **Carrefour en Y :** poursuivre à droite. Un kilomètre plus loin, dans un bois clairsemé de chênes et buis, ignorer un chemin secondaire et continuer tout droit. Faire le même choix quelques centaines de mètres après.

**4.45** **17,0 km** **Carrefour en Y** près de la D 117 (530 m). Prendre le chemin en face, en bordure d'un pré. Un sentier caillouteux succède au chemin. Il ondule entre buis et petits chênes et remonte à flanc de colline. Il débouche ensuite sur une allée plus large : un grand cairn balisé indique de bifurquer complètement à droite pour continuer à monter sur les affleurements rocheux et parvenir à une

**5.10** **18,5 km** **Intersection en T** sur la crête (645 m) : tourner à gauche. L'itinéraire balisé se poursuit toujours en face, en laissant plus loin un chemin venant de la droite. Lorsque le château de Puivert est en vue, prendre la piste à gauche qui passe sous l'édifice, et atteindre le

**5.30** **20,0 km** **Parking du château de Puivert** (600 m). Au fond du parking, faire quelques pas sur une piste empierrée et choisir à gauche un nouveau sentier.
Au début de la descente, laisser une sente à droite et progresser en face, le long d'un vieux muret (sentier des Troubadours). Le sentier frôle plus bas un ancien moulin, une Vierge, et accède à Notre-Dame de Bonsecours. Longer la D 117 à droite vers le centre de

**5.45** **21,0 km** **Puivert** (485 m).

### CHANTAGE ET DÉLATION

Bernard Clergue, de Montaillou, a contraint Bernard Benet, autre habitant du même village, à porter un faux témoignage contre plusieurs de leurs voisins en les accusant d'hérésie. Sur le chemin de Carcassonne, les protagonistes se rencontrent dans le secteur de Brénac et de Coudons :
« Un jour que je ne me rappelle pas aux alentours du 1er mars 1321, j'étais dans ma maison et Bernard Clergue de Montaillou vint me voir. Il me dit qu'il voulait me dire quelque chose de secret. Il me dit d'aller à Carcassonne auprès de Monseigneur l'Inquisiteur et de lui dire que je voulais lui avouer une chose qui m'était revenue à la mémoire contre certaines personnes qui s'étaient rendues coupables en matière d'hérésie.
Il me promit que si je déposais et avouais cela devant l'inquisiteur de Carcassonne, que l'on m'enlèverait les croix* et que même il me donnerait un pré qui avait été à mon père et qui appartenait à Monseigneur le comte pour cause d'hérésie… Puis le jeudi après le dimanche de carême (12 mars 1321), je me levai le matin à l'aurore et allai vers Carcassonne. Je trouvai que Bernard Clergue, sa femme Raymonde et Pons Gary de Laroque d'Olmes avaient déjà quitté Montaillou et les trouvai qui déjeunaient dans la maison de Simon Fontrouge, sur le territoire de Brenac. En me voyant, Bernard Clergue me dit que j'avais bien fait de venir car si je n'étais pas venu de mon plein gré, j'aurais été amené le lendemain prisonnier et enchaîné à Carcassonne. Comme j'avais peur à cause du faux témoignage qu'il voulait que je fasse, après que nous eûmes déjeuné ensemble, je le quittai et m'en retournai vers Montaillou. Pons me suivit et me rejoignit à la bégude* de Coudons où je buvais. »

(Extrait du Registre d'Inquisition)

### LES PRIVILÈGES DU QUERCORB

Le Quercorb est un pays de 25 km de long sur la rive droite de l'Hers. Avant la croisade, le Quercorb fut un objet de convoitise et de querelles entre les comtes de Toulouse, de Foix et les vicomtes de Carcassonne. Après la croisade, Jean, seigneur de Bruyères, baron de Puivert, Chalabre et dépendances, était le chambellan de Philippe le Hardi : en 1283, il fut appelé à accompagner le roi à Bordeaux, lors de ses affrontements avec les Anglais. En considération des services rendus à cette occasion, lui et ses vassaux furent déchargés à perpétuité par le roi de toutes sortes d'impôts envers la couronne. Il fut également nommé gouverneur des châteaux de Puivert et de Chalabre.

En fait le Quercorb et Puivert étaient, à l'époque, marche frontière du royaume de France, l'un des éléments de la ligne de défense face à l'Aragon. Le voisinage du Roussillon et de l'Espagne fut donc la raison du statut de « terre privilégiée » confirmé par tous les rois de France qui se succédèrent, jusqu'à Louis XVI.

### LA LÉGENDE DE LA DAME BLANCHE

Alors que Jean de Bruyères était seigneur de Puivert, une inondation catastrophique noya la région en 1279. Le château accueillait en ce temps-là une princesse aragonaise, qui aimait méditer, assise sur rocher ayant la forme d'un fauteuil, en bordure du lac. La pluie gonflant parfois les eaux du lac gênait la princesse dans sa contemplation C'est pourquoi elle persuada Jean de Bruyères d'ordonner des travaux visant à abaisser le niveau du lac : hélas les roches s'effondrèrent et l'eau se rua dans la vallée. La riche cité de Mirepoix, à huit lieues plus bas, fut complètement détruite ainsi que d'autres villages. Les Camps marquent dans la plaine la limite des eaux de l'ancien lac.

### LES TROUBADOURS, PROPHÈTES DE LA JOIE D'AIMER

À l'aube du millénaire, au cœur de ce lointain Moyen Âge où toute culture était latine et religieuse, les troubadours ont fait fleurir, en vers occitans, un code d'appel à l'amour vrai, d'exaltation de la joie d'aimer. Entre golfe de Gascogne et golfe de Gênes, de la fin du XIe siècle à celle du XIIIe, les poètes se sont répondu, bouleversant les vieux schémas chrétiens et phallocratiques, ouvrant l'Occident à un printemps du sentiment, aux valeurs du Joi et Joven, Joie et Jeunesse.

### TROBADOR/TROUBADOUR

Le trobador n'est pas le pauvre hère que l'on imagine, cheminant luth à la main, mendiant son pain de château en château contre quelque chanson. Le trobador est « celui qui trouve » : paroles et mélodies. Il est l'auteur compositeur, homme de culture et de renom, membre de la société des cours. Parfois il se risque à interpréter lui-même ses œuvres, mais en confie plus généralement la diffusion à un ou plusieurs jongleurs, ces musiciens et chanteurs professionnels et itinérants. Souvent de haut parage, comme Guilhem, neuvième duc d'Aquitaine, Raimbaud d'Orange ou Bertran de Born, le troubadour est couramment aussi de la bonne bourgeoisie, comme Gaucelm Faydit ou Peire Vidal. Si sa légende le dit de basse extraction comme Bernard de Ventadour en Limousin, qui fut peut-être le fils d'une boulangère et d'un sergent d'armes du château, son art de « trouver » l'intègre parfaitement dans la bonne société des cours, la société « courtoise ». Le troubadour est toujours celui qui aime, toujours il écrit à la première personne, celui qui écrit le plus finement, aime le plus finement, et devrait être le plus finement aimé…

### ✠ TROBAR/L'ART D'ÉCRIRE L'AMOUR

Il « trouve », en langue d'oc, des vers qu'il inscrit sur une mélodie. Connue antérieurement par quelques pièces religieuses, la langue occitane utilisée par tous les troubadours, du Limousin à la Provence, est langue de culture, précisément codifiée pour l'écrit, et remarquablement unifiée : peu de variantes dialectales s'y laissent discerner. Elle est l'outil parfait d'une versification sophistiquée, ce que les parlers d'oïl sont encore loin d'atteindre à l'époque.

Le troubadour est le maître du mot et du son. Il se plaît à en jouer, à les entrelacer, pour mieux célébrer la Dame qui pour lui porte le visage de l'amour. Ainsi Guilhem, duc d'Aquitaine :

*Totz lo joys del mon es nostre*
*Dompna, s'amduy nos amam…*

Toute la joie du monde est nôtre,
Dame, si nous nous aimons…

### ✠ FIN'AMORS/FINE AMOUR*

De même que le trobar apprivoise la langue et la fait instrument de culture, Fin'Amors, que chantent les troubadours, est l'amour qui affine le cœur et le geste. Fine Amour, au nom des neuves valeurs de courtoisie dont joie et jeunesse sont les plus hautes, élève son fidèle au-dessus des mœurs vulgaires et violentes des porteurs d'épée. Le rôle social des troubadours, à travers leur message poétique, est bien d'affiner et de policer les mœurs de la caste féodale qui a accédé au pouvoir par la force au siècle précédent.

Mais un désir de joie vraie les anime, en ce versant lumineux du Moyen Âge qui précéda les temps sombres des pestes et de la guerre de Cent Ans : et c'est amour vrai qu'ils inventent, à travers la Fine Amour, l'amour qui rend à la femme son rôle d'interlocutrice, qui se confie en elle pour ne permettre la réalisation de l'acte amoureux que lorsqu'il ne menace plus de banaliser la relation cordiale et spirituelle :

*D'Amor es totz mos cossiriers*
*Perqu'ieu no cossir mas d'Amor…*
*Que d'Amor mou, qui qu'o dia*
*So que val mais a foudat e a sen*
*E tot quant hom fai per Amor es gen…*

D'Amour est toute ma pensée
Je ne me soucie que d'Amour…
Car d'Amour procède, quoi qu'on dise,
ce qui a le plus de valeur dans la folie comme dans la sagesse
Et tout ce qu'on fait par Amour est bien…

Ainsi chantait au début du XIII<sup>e</sup> siècle Raimon de Miraval, petit seigneur
et troubadour du Cabardès.
(Anne Brenon)

Puivert

# 7ᵉ étape
**VARIANTE SUD**

🚶 22 km    ⏳ 5 h 45    ⛰ 500 m

→ Quirbajou
→ Puivert

**Profil :**
- Quirbajou 810 m
- Clot de la Dourne 1001 m
- Col du Sarrat Blazy 1145 m
- Coudons 860 m
- La Fage 620 m
- Nébias 580 m
- Château de Puivert 600 m
- Intersection en T 645 m
- D 117 530 m
- Puivert 485 m

*Moulin à Nébias*

## RENSEIGNEMENTS PRATIQUES

🌐 IGN 2347 OT Quillan et 2247 OT Lavelanet, au 1/25 000

### NÉBIAS (11500)
→ Bar restaurant du Thury, 66 allée Promenade, 04 68 20 82 20

### PUIVERT (11230)
→ Tous services, épicerie, restaurants, musée du Quercorb, baignade au lac
→ GE et CH Relais des Marionnettes, 30 pl. dans 11 ch., de 15 €/p., pdj 5 €, 1/2 pension de 37 €/p., repas 15 €, panier-repas 7 €, coin cuisine, Françoise et Michel Dubrunfaut, 19 RD 117, 04 68 20 80 69, www.gite-puivert.com
→ CH Au Petit Verger, 12 pl., RD 117, 04 68 20 66 08, martyn.pickering@wanadoo.fr, www.puivertaccommodation.com
→ CH L'Ammarosa, 9 pl., 2 rue du Chemin-de-Ronde, 04 68 31 15 26, info@ammarosa.com
→ CH La Cocagnière, 11 pl., de 57 à 67 €/2 p., pdj compris, repas 20 €, panier-repas 8 €, à 2 km, M. Courtade et Mᵐᵉ Guérin, 3 place du Pijol, 04 68 20 81 90, www.lacocagniere.com
→ CH Horizons Verts, 5 pl., 2 route de Chalabre, 04 30 07 34 95 / 06 70 28 07 48, info@horizonsverts.eu
→ Camping de Puivert, 58 empl., tente 12,50 à 15,50 €/2 p., restauration, de mi-avril à mi-sept., près du lac, 04 68 20 00 58, www.camping-puivert.fr

**0.00** **Quirbajou** (810 m). Quitter l'église par la gauche, rue de la Piale. Aux dernières maisons, avancer sur le chemin du Puits. Ce dernier traverse les prés (le fameux puits est sur la droite) et, par deux courbes, atteint un petit col planté d'une croix : continuer par le chemin à gauche. Il descend légèrement vers une piste empierrée que l'on suit désormais à droite (direction générale nord-ouest) sur le flanc ensoleillé de la charmante petite vallée du Saoutadou.

**0.45** **2,6 km** **Intersection** en Y (905 m) : opter pour le chemin de droite (à gauche, itinéraire équestre venant de Labeau et gouffre du Prat del Bedeil à 150 m). 400 m après, au nouveau Y, prendre cette fois à gauche. Dans un boisement mixte, le chemin parvient à un…

**1.00** **3,6 km** Petit col : le **Clot de la Dourne** (1 001 m). Poursuivre à gauche entre deux hêtres (flèche « VTT n° 21 »). À l'intersection qui suit, choisir le chemin de gauche (panneau : Sentier Cathare). Il traverse bientôt une forêt de pins sylvestres et accède à un petit col.
Le sentier longe une plantation d'épicéas, puis descend légèrement sur la droite pour traverser une clairière (1 065 m). Il retrouve ensuite le bois pour un dernier effort en montée et accède au…

**1.30** **5,3 km** **Col** forestier **du Sarrat Blazy** (1 145 m). Descendre sur l'autre versant par le sentier bien marqué qui fait face. Il s'élargit au fur et à mesure que l'on avance. Au carrefour en T avec une piste, la suivre à droite vers le…

**1.45  6,4 km Col de Camelier**
(1 072 m). Descendre sur la piste en versant nord, en deux grands lacets. Dans le deuxième virage, laisser un chemin et un sentier balisé sur la droite pour conserver la piste jusqu'à…

**2.15  8,5 km Coudons** (860 m). Descendre le long de la D 613, à droite. En sortant du village, 500 m en contrebas, prendre une petite route sur la gauche (croix en fer). Après le bâtiment agricole, progresser sur la piste en face jusqu'au…

**2.30  9,5 km** Carrefour en Y du **Gros Hêtre** (826 m) : virer à droite en laissant le chemin empierré à gauche. Marcher maintenant droit devant soi en laissant de part et d'autre des chemins annexes.
Le chemin passe sous une ligne électrique : attention, à cet endroit il faut descendre à gauche sur un nouveau sentier. Il décrit quelques lacets entre buis, sapins et blocs calcaires. Couper plus bas un chemin forestier (715 m) pour continuer en face. En bas, rejoindre un chemin qui, par la gauche, conduit à

**3.00  11,3 km La Fage** (620 m). Joli hameau, point d'eau. Suivre à droite l'avenue de la Croix-de-Simon sur 100 m, puis bifurquer à gauche entre une clôture et un potager. Vue sur la plaine de Nébias et le château de Puivert, au loin.
Le chemin sillonne entre les prés, traverse une plantation de résineux et accède à une intersection. Descendre à droite le long d'une clôture, puis au milieu des prés.

**3.20  12,9 km Piste** empierrée (571 m) : la suivre à gauche vers une intersection de quatre chemins, où l'on vire cette fois à droite. Rejoindre ainsi la D 117. Monter en face vers le centre de

**3.40  14,1 km Nébias** (580 m). Point d'eau, musée. Dos à l'église, suivre l'allée de la Promenade à gauche (vers l'ouest) sur 150 m, puis choisir à droite l'allée de la Chapelle. Après l'édifice dédié à sainte Claire, une piste empierrée prend le relais.

**3.55  15 km Intersection** de chemins (578 m). Hors itinéraire, à droite, possibilité d'accès aux étonnants couloirs rocheux de Nébias (30 min aller et retour). Des deux chemins parallèles qui vous font face, le Sentier Cathare emprunte celui de gauche.

**4.05  15,4 km Carrefour en Y :** poursuivre à droite. Un kilomètre plus loin, dans un bois clairsemé de chênes et buis, ignorer un chemin secondaire et continuer tout droit. Faire le même choix quelques centaines de mètres après.

**4.45  18,0 km Carrefour en Y** près de la D 117 (530 m). Prendre le chemin en face, en bordure d'un pré. Un sentier caillouteux succède au chemin. Il ondule entre buis et petits chênes et remonte à flanc de colline. Il débouche ensuite sur une allée plus large : un grand cairn balisé indique de bifurquer complètement à droite pour continuer à monter sur les affleurements rocheux et parvenir à une

**5.10** **19,5 km Intersection en T** sur la crête (645 m) : tourner à gauche. L'itinéraire balisé se poursuit toujours en face, en laissant plus loin un chemin venant de la droite. Lorsque le château de Puivert est en vue, prendre la piste à gauche qui passe sous l'édifice et atteindre le

**5.30** **21 km Parking du château de Puivert** (600 m). Au fond du parking, faire quelques pas sur une piste empierrée et choisir à gauche un nouveau sentier.
Au début de la descente, laisser une sente à droite et progresser en face, le long d'un vieux muret (sentier des Troubadours). Le sentier frôle plus bas un ancien moulin, une Vierge, et accède à Notre-Dame de Bonsecours. Longer la D 117 à droite vers le centre de

**5.45** **22 km Puivert** (485 m).

### PUIVERT : LE RENDEZ-VOUS DES TROUBADOURS

Le château de Puivert domine le village actuel, à l'est, à 600 mètres d'altitude au sommet d'un pech. La masse du donjon et les murailles démantelées font toute la beauté du site : Puivert est un « mirador de pierre », sur la ligne de partage des eaux. La pente, pour y accéder, est douce et la vue du château embrasse l'horizon du pech de Bugarach au pog de Montségur.
Le château de Puivert était, avant la Croisade, le fief des Congost, il aurait été le rendez-vous de troubadours roussillonnais et provençaux. En effet, c'est ici que se serait tenue, en 1170, une rencontre de poésie. Peire d'Auvergne y composa en occitan une satire littéraire de douze couplets : Lo vers fo faitz als enflabotz a Puoich Vert tot iogan rizen (ces vers ont été composés au son des cornemuses à Puivert, tout en jouant et en riant). Aujourd'hui, tous les étés, une évocation historique perpétue la tradition artistique du lieu. S'il fut le château des Troubadours, Puivert fut aussi celui des Cathares. En 1208, Alpaïs, sœur du seigneur de Montségur et femme de Bernard de Congost, désira recevoir sur son lit de mort le consolament*. Elle fut transportée à Paris (Ariège) où deux Parfaits, dont Raimon Gairau, la consolèrent. Bernard de Congost fut, lui, consolé à Montségur en 1232. Son fils Gaillard participa en 1242 au massacre des inquisiteurs à Avignonet, puis défendit Montségur assiégé ; leur fille, Saissa, parfaite cathare, y fut brûlée en 1244.
Durant la Croisade, en novembre 1210, les occupants de Puivert ne purent tenir tête aux assaillants qui s'emparèrent de la place après trois jours de siège. Simon de Montfort donna tout le pays à Pons de Bruyères qui était à la tête des assaillants et qui s'installa au château où son fils Jean lui succéda.

C'est en 1310, date du mariage de Thomas de Bruyères avec Isabelle de Melun, que le château fut agrandi et embelli : le donjon, la cour d'honneur, les murs et les courtines* datent donc de la première moitié du XVIe siècle.

### UN CHÂTEAU DE PLAISANCE

À l'ouest, derrière l'imposant donjon, se situe l'emplacement du château primitif, celui qui fut assiégé par Simon de Montfort et dont le riche passé contraste avec le peu de vestiges actuellement visibles. Par contre, le château « français » est magnifiquement conservé.
On aborde le château par sa tour-porte carrée ; elle est surmontée du blason des Bruyères portant un « lion à la queue fourchue et nouée ». La herse et la porte, reconstitutions fidèles, s'ouvrent sur une salle d'entrée voûtée. Celle-ci débouche sur une grande cour de 80 m x 40 m que limitent six tours et une courtine* et qui est, côté ouest, dominée par le donjon. Les murs d'enceintes percés d'archères* sont arasés au niveau du chemin de ronde.
Autour de la cour s'élève à gauche une tour de plan carré, la tour des Cas ou Gaillard ; plus vers l'ouest, dans l'angle de la cour, les vestiges de la tour Vert. Une porte restaurée du XXe siècle permet d'accéder au pied de la face ouest du donjon, qui a une hauteur de 32 m et une largeur de 15 m. Cette face ouest montre des pierres saillantes qui sont les vestiges des murs du logis seigneurial disparu. La visite du donjon peut commencer par le sous-sol : le côté gauche de la façade ouest du donjon est occupé par une salle basse ; éclairée par une seule fenêtre, elle a l'aspect d'un cellier. En ressortant, une passerelle métallique permet d'accéder aux parties supérieures du donjon. La porte de droite permet de descendre quelques marches dans la salle des gardes couverte d'une voûte en plein cintre*. Elle

possède deux fenêtres, au nord et au sud, pourvues de bancs de veille très bien conservés.
En ressortant sur la passerelle, la porte de gauche en arc brisé conduit dans la salle appelée « chapelle ». Cette entrée est surmontée par deux blasons sculptés qui représentent les armes des Bruyère et des Melun. La chapelle est éclairée par deux baies géminées*. Elle possède une niche qui devait contenir une vasque de pierre et une arrivée d'eau destinée à la liturgie. Trois consoles sculptées supportaient sans doute des statues. La voûte est sur croisées d'ogives* à six nervures. Les culs-de-lampe* sont décorés de personnages tenant des phylactères*, la clef de voûte* représente saint Michel et le couronnement de la Vierge.
Au-dessus de la chapelle se trouve la salle des Musiciens. On y accède par un escalier en vis en revenant sur la passerelle et en franchissant la porte centrale encadrée par les deux autres précédemment empruntées. L'originalité de la salle des Musiciens tient à ses culs-de-lampe* sur lesquels reposent les huit nervures de la voûte, ils sont ornés de musiciens jouant des instruments médiévaux : cornemuse, vièle ou viole, luthée, tambourin, luth, orgue portatif, psaltérion triangulaire, rebec.

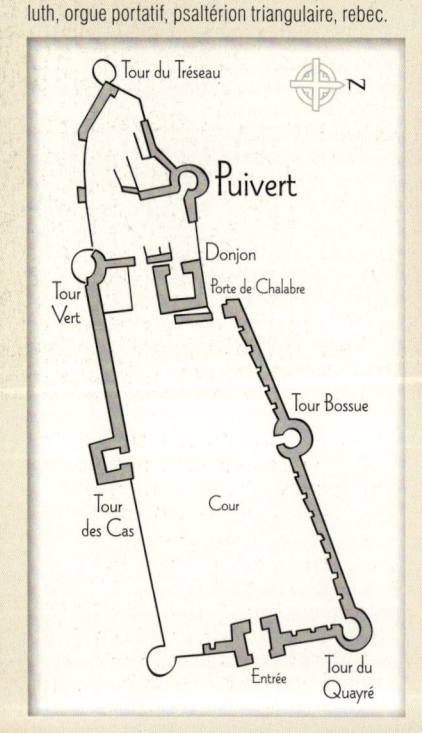

À Puivert le souci d'élégance l'emporte sur les motivations stratégiques : la finesse de la sculpture décorative le prouve. Édifice hors pair dans tout le Languedoc, ce château de plaisance est une transition entre le château féodal et le château Renaissance. Il est un des exemples de l'humanisation des châteaux forts à la fin du Moyen Âge.
En ressortant du donjon, la passerelle offre un point de vue sur la partie du château la plus ruinée : le Château Vieux. En regagnant la grande cour rectangulaire, il est possible de se diriger vers la porte de Chalabre dans l'angle nord-ouest. Cette

*Le château de Puivert*

entrée permettait l'accès aux grands charrois. La courtine* nord comprend en son centre la tour Bossue. Le nom de cette tour vient de la pierre à bossage, caractéristique de l'époque de Philippe III le Hardi. Enfin, à l'angle nord-est se trouve la tour du Quayré.

### ✶ PUIVERT ET SON ANCIEN ARTISANAT

Puivert fut un important centre artisanal du travail du bois. En 1854, Puivert et ses hameaux comptaient 1786 habitants contre 550 à l'heure actuelle. Bien que l'espace cultivé ait été étendu jusqu'aux zones marginales, les revenus agricoles ne suffisaient pas à une population aussi nombreuse. L'artisanat était alors un bon moyen de diversification. Vers 1800, on fabriquait à Puivert une grande variété d'objets utilitaires : sifflets, flûtes, canules, tuyaux à faussets pour les tonneaux, manches d'outils, fuseaux pour machines à tisser, cuillères à pot. En 1856, Puivert comptait 13 tourneurs sur bois, utilisant le frêne, l'alisier, le merisier, le hêtre et le buis. Cette activité s'est maintenue jusqu'au milieu du $xx^e$ siècle.

# 8e étape — 17 km — 4 h 30 — 600 m

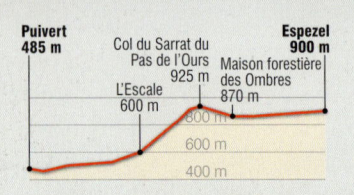

→ **Puivert**
→ **Espezel**

*Le plateau de Languerail*

**Puivert** 485 m — **L'Escale** 600 m — **Col du Sarrat du Pas de l'Ours** 925 m — **Maison forestière des Ombres** 870 m — **Espezel** 900 m

Cette étape essentiellement forestière traverse les forêts de Lescale et de Picaussel, passage traditionnel vers les hauts plateaux. Il est prudent en saison de chasse de se renseigner à Puivert sur la localisation des lieux de battues. Attention aussi à l'enneigement de décembre à fin mars.

On pénètre ici dans le pays de Sault, entablement calcaire précédant les hautes montagnes pyrénéennes, dont l'altitude varie entre 950 et 1 300 mètres. Les activités principales sont la sylviculture et l'élevage, en cette zone qui constitue la partie pyrénéenne du département de l'Aude. C'est là que peuvent se rencontrer les grands mammifères cités en début d'ouvrage.

## RENSEIGNEMENTS PRATIQUES

- IGN 2247 OT Lavelanet, au 1/25 000

### ✤ ESPEZEL (11340)

- → www.tourisme-paysdesault.fr
- → Épicerie, boulangerie, restaurants
- → Maison de la Montagne à 1 km (infos touristiques, expositions, point Internet)
- → GE Le Relais du Pays de Sault, 60 pl., 21,50 €/p. pdj compris, pension complète 39,50 €/p., panier-repas 7 €, du 15/02 au 15/12, Louis Pech, 04 68 20 72 89, relaislouis@hotmail.fr
- → Camping municipal Le Calcat, 19 empl., tente 5 €/p., du 15/04 au 15/10, 04 68 20 30 34
- → H Le 100 Unique, 5 ch., repas 24 €, 04 68 20 30 14, www.le100unique.fr

### ✤ BELVIS (11340)

- → www.cc-pays-de-sault.fr
- → G La Font Blanche, hors juillet/août, 19 pl. en 8 ch., à partir de 21 €/p. pdj compris, à 2 km du village, Christel Heine, 04 68 20 33 70, www.lafontblanche.com

La forêt de Picaussel

**0.00** Descendre dans le cœur du village de **Puivert** (485 m). En face de la mairie, emprunter la rue de la Libération. Au bout, au carrefour, avancer vers le plan d'eau et bifurquer à gauche juste avant ce dernier pour marcher sur une petite route qui domine le lac. Après un gué, parvenir près d'une…

**0.15   0,9 km Petite route** (474 m). Sans prendre pied sur le goudron, choisir le chemin complètement à droite qui, de manière rectiligne, se rapproche du…

**0.35   2,3 km** Hameau de **Camp Bonnaure** (500 m). À l'intersection avec une petite route, monter en face vers le hameau et bifurquer deux fois de suite à droite, sous les constructions. Laisser un nouveau chemin à gauche, traverser un ruisseau et virer à droite à l'intersection suivante. De bordure de pré en bordure de pré, passer bientôt un gué et prendre pied sur la petite route de la Métairie du Sourd. La suivre à gauche jusqu'au…

**1.15   4,9 km Terme du goudron** (525 m). Avancer sur le chemin qui suit. Il décrit un S et parvient à une intersection : laisser le chemin caillouteux monter à gauche et bifurquer plutôt à droite sur un sentier qui descend doucement vers le lit du ruisseau de Blau. Le franchir à gué ou à l'aide de la passerelle (départ du sentier historique du Maquis). Sur l'autre rive, remonter à droite à travers prés vers le…

85

**1.40 6,5 km** Hameau de **l'Escale** (600 m). Prendre la route à gauche sur 150 m, puis virer à droite contre le mur d'une maison. En haut, passer à gauche de la petite église et monter à droite au carrefour en Y qui suit. Avancer sur le chemin principal en laissant un chemin herbeux sur la droite.

Après une plantation de résineux, abandonner le chemin pour un sentier au départ abrupt sur la droite. Il prend de la hauteur en décrivant des lacets réguliers sous un épais couvert de buis. Dans la montée, une parcelle de résineux laisse filtrer la lumière et annonce une pente plus modérée. Le chemin rejoint alors une…

**2.30 8,8 km Aire de stockage** du bois. À deux pas de là, sur la droite, se trouve le col routier du Chandelier (854 m). Face à l'aire de stockage, prendre complètement à gauche et aussitôt à droite un sentier qui prend de la hauteur (flèche «PC cabane du Maquis» et balisage «VTT Liaison»). Traverser une plantation et remonter entre deux talus vers une…

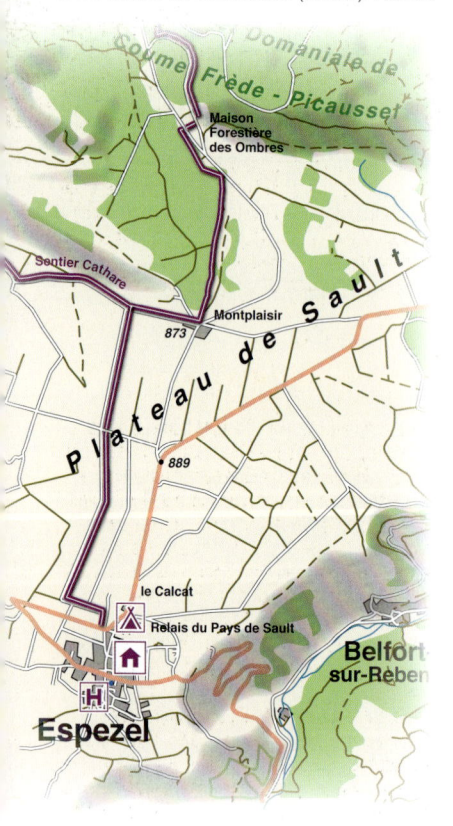

**2.40 9,3 km Intersection** de chemins (918 m), au sommet de la côte. Attention : c'est ici que se séparent les itinéraires menant à Belvis ou à Espezel. Virer complètement à droite en suivant le balisage. Au Y qui suit, choisir la branche de gauche. Le sentier descend dans une clairière puis remonte à gauche vers le…

**2.50 9,9 km** Petit **col** boisé **du Sarrat du Pas de l'Ours** (925 m). De l'autre côté, quelques dizaines de mètres en contrebas, trouver une piste forestière qu'il faut suivre sur 400 m. Au bout de la ligne droite, quitter la piste dans son premier virage pour un sentier horizontal sur la gauche.

En débouchant sur une seconde piste, faire une cinquantaine de pas sur la gauche et plonger sur un nouveau sentier à droite. Longer ensuite la troisième piste forestière à gauche sous d'immenses sapins pectinés, jusqu'aux…

**3.15 11,8 km** Ruines de la **maison forestière des Ombres** (870 m, tables, point d'eau), qui marquent l'entrée sur le plateau de Sault. Descendre au sud-est (à droite) jusqu'à la route, que l'on coupe pour prendre un sentier en face puis à gauche. Après une incursion sous les jeunes pins et bouleaux, il frôle la route et remonte le long d'une clôture, franchit une croupe, puis redescend vers le…

**3.45 13,7 km** Quartier **Montplaisir** (873 m), point d'eau. Suivre la seconde piste empierrée sur la droite. 500 m après, à l'intersection, virer à gauche sur un chemin rectiligne qui traverse tout le plateau. À l'autre extrémité, il tourne à gauche puis, par le deuxième chemin à droite, passer sous la D 613 et rejoindre le…

**4.30 17,1 km** Centre d'**Espezel** (900 m).

**Environs de Puivert**

### ✠ PARATGE/LA CIVILISATION DE PARITÉ

En courtoisie, par-delà les hasards de la naissance, tous sont pairs en noblesse de cœur et de geste, en paratge, qui n'est plus le privilège d'une classe aristocratique. Ainsi, lorsque la Croisade contre les Albigeois laboure le pays et vient menacer les fondements de la société courtoise, en Occitanie toulousaine, c'est le mot *paratge* qui ranime le courage des partisans des comtes Raimon. C'est la civilisation de paratge que défendent chevaliers, bourgeois, boutiquiers et petit peuple contre les croisés, c'est elle que célèbre l'anonyme troubadour qui composa la chanson de la Croisade. En pays cathare, troubadours et cathares avaient fréquenté les mêmes cours, les mêmes villes-châteaux, les uns parlant d'Amour, les autres parlant de Dieu. La conquête française et la normalisation catholique du pays firent taire les uns et les autres. Les derniers troubadours comprirent que le nouvel ordre était fatal à la liberté d'aimer, et de fait l'Inquisition condamna comme adultère leur inspiration poétique. Plusieurs d'entre eux, comme Peire Cardenal, Guilhem Montanhagol ou Guilhem Figueira, dans l'entourage du comte de Toulouse, écrivirent contre la domination des clercs et des Français de mordantes satires ; à l'extrême fin du XIIIe siècle, Guiraut Riquier, depuis la cour du roi de Castille, ne consacra plus son inspiration qu'à la Vierge Marie.

Les troubadours ont été imités à travers toute l'Europe : en Galice, au Portugal, en domaine d'Oïl par les trouvères, en domaine germanique par les minnesänger, mais de façon purement formelle. Il faut voir dans ces imitations, pas toujours bien comprises, l'origine de la mode littéraire de la préciosité.

(Anne Brenon)

### ✠ LE HAMEAU DE LESCALE ET LE MAQUIS DE PICAUSSEL

En direction du pays de Sault, le hameau de Lescale évoque un épisode important de la résistance audoise lors de la deuxième guerre mondiale. Le maquis de Picaussel, du nom de la forêt qui abrita la résistance, située à 2 km de Lescale, a été le plus important du département de l'Aude. Il a pu bénéficier du soutien des populations locales et, élément déterminant, de l'aide secrète des gendarmes de Quillan, Chalabre et Espezel. Les maquisards réalisèrent plusieurs sabotages et un coup de main contre un dépôt d'armes allemand à Narbonne.

Le 7 août 1944, le maquis est encerclé ; la seule route restée libre sur le plateau de Sault est mise à profit pour l'évacuation des maquisards vers Rodome et Quérigut. Ils reviennent quelques jours après et participent aux combats de la Libération dans les gorges d'Alet et à Limoux.

Mais entre-temps les représailles se sont abattues sur le hameau de Lescale accusé d'avoir aidé les maquisards. Les habitants sont chassés et le feu est mis à leurs maisons. Seulement deux bâtiments, l'école et l'église, furent épargnés. La guerre finie, il fallut plusieurs années pour reconstruire un nouveau hameau, un peu au nord de son emplacement primitif.

### LE PAYS DE SAULT, PORTE DES PYRÉNÉES

La végétation très dense est presque exclusivement forestière : hêtre et sapin y côtoient bouleau, tremble, tilleul, frêne… ces espèces qui demandent une grande humidité et beaucoup de lumière correspondent en effet à l'étage montagnard (800 à 1 500 m). Sur les plateaux, les landes sont couvertes de buis, bruyères et genévriers. Ces hautes futaies, dont la lumière, les senteurs, les couleurs changent au gré des saisons, des jours et des heures, abritent une riche faune sauvage : cerfs, chevreuils, isards, sangliers broutant les arbustes ou fouissant le sol ; renards, martres, fouines et rapaces chassant rongeurs et reptiles… Des espèces rares comme l'ours, le loup, voire le lynx, habitaient encore récemment (moins de 40 ans) ces vastes couverts forestiers. Leurs noms demeurent liés à la tradition orale des villages et aux lieux-dits : Pas de la loba pelada, Sarrat de l'ours, Tute de l'ours (Pas de la louve pelée, Colline de l'ours, Tanière de l'ours).

### JEAN FILS DE L'OURS

L'ours est omniprésent dans la toponymie pyrénéenne. Dans la mentalité, cet animal constitue une figure mythique particulièrement bien illustrée dans la tradition orale, à travers le conte de *Jean de l'Ours*. On y retrouve le thème de l'ours ravisseur de femmes et celui d'un être mi-homme, mi-animal.

Le conte merveilleux de *Jan de l'ors* est très connu en Occitanie, mais est aussi bien attesté ailleurs en Europe et au-delà. La version présentée ici dans son commencement a été recueillie en 1969 auprès d'une habitante de Nébias. Il s'agit d'une transcription directe qui a conservé le style oral du conte, déclamé en occitan, langue de la conteuse.
« *I aviá una filha qu'anava far un fais de lenha morta dins lo bosc, una filha jove, de quinze e setze ans. E alavetz aquel ors aviá una bela tuta plan a l'abric. "Aquela filheta, s'imaginec, te la cal panar." En efet ba fec, prenguec aquela filha. Mes que i teniá plan çò que cal, anava panar de tot per i donar per far cueire, anava panar de tot juscas un vedel a l'ivern que panava e fasiá cueire ai fòc aqui dins una tuta deserta, s'adobava. E la filha pr'aquò manjava e vòls pas qu'a fòrça ne'n fasquec sa femna d'aquel mainatge, et quand n'agec fait sa femna finalament i agec un rejeton e aquò siaguec : Jan l'Ors. E ela pietat qu'aviá daissat son paire e sa maire, ça disiá que "se diviàn far vielhis e qui lor pòt anar a la lenha amont, aval". Voliá i tornar. […].* »
(Extrait de Daniel Fabre, Jacques Lacroix)
Traduction :
Il était une fois une jeune fille qui était allée ramasser du bois mort dans la forêt. Un ours, qui avait sa tanière cachée au fond de la forêt, la vit, et décida de l'enlever. Ce qu'il fit, mais il la traitait bien, volant pour elle tout ce dont elle avait besoin jusqu'à un veau, un hiver, qu'il lui fit cuire dans la grotte. Ainsi, à force d'attentions, l'ours réussit à faire d'elle sa femme, et ils eurent un enfant, qu'on appela Jean de l'ours. Pourtant, la jeune fille se désolait, car elle avait laissé depuis bien longtemps son père et sa mère : ils devaient être vieux, qui irait ramasser du bois pour eux ? Aussi voulait-elle revenir chez elle. […].

### UNE DESCRIPTION DU PAYS DE SAULT AU XVIIIe SIÈCLE

L'estendue du Pays. Le Pays a deux à trois cents lieues de longueur et à peu près autant de largeur et confronte au midi le pays de Donnesan et celuy de Fenouillèdes, au septentrion le Rases et Terre Privilégiée, au levant Fenouillèdes et Rases, au couchant le Foix. Il est traversé, comme il a esté déjà observé cy dessus, par le ruisseau Rabenty, et de plus par la rivière d'Aude, qui est une rivière assez considérable et d'une grande utilité pour le flottage des bois à bastir, qui viennent des forests du Donnesan, d'Escouloubre, de Roquefort, de Sainte-Colombe et autres, qu'on fait descendre à bois perdu jusques à Quillan où la rivière estant plus forte et plus large, on commence à les mettre en radeaux, et pour le flottage du bois à chauffer, qu'on peut faire descendre à bois perdu jusques à Narbonne.

(Rapport du subdélégué du diocèse d'Alet à l'intendant)

🚶 20 km  ⏳ 5 h 15  ↗ 500 m  **9ᵉ étape**

# → Espezel
# → Comus

Le château de Montaillou

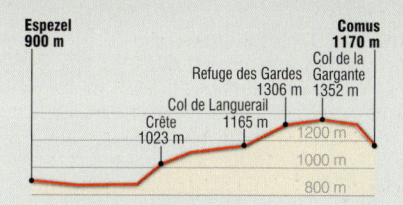

**Espezel 900 m**
Crête 1023 m
Col de Languerail 1165 m
Refuge des Gardes 1306 m
Col de la Gargante 1352 m
**Comus 1170 m**

## RENSEIGNEMENTS PRATIQUES

- IGN 2247 OT Lavelanet et 2148 ET Ax-les-Thermes, au 1/25 000

### COMUS (11340)

- → GE, 35 pl. en ch. et dortoir, de 15 à 19 à 22 €/p., pdj 7 €, repas 18 €, 1/2 pension 40,50 à 43,50 €/p., panier-repas 10 €, tente 10 €, accueil équestre, sur réservation du 15/12 au 15/01, Anne Pagès, 04 68 20 33 69, 06 70 38 83 86, www.gites-comus.com
- → GE Le Silence du Midi, 41 pl., 1/2 pension 52 €/p., yourte 25 €/p., tente 10 €/p., pdj 8 €, repas 20 €, panier-repas 10 €, M. Van Impe, 04 68 20 36 26, www.lesilencedumidi.com
- → CH L'Oustal de l'Annetta, 4 ch., nuitée 55 €/1 ou 2p., pdj 8 €, repas sur réservation 25 €, panier-repas 10 €, M. Van Impe, 04 68 11 40 70, ghislaine.caria@loustaldelannetta.fr, www.loustaldelannetta.fr
- → Épicerie à Camurac (2,5 km au sud-est)

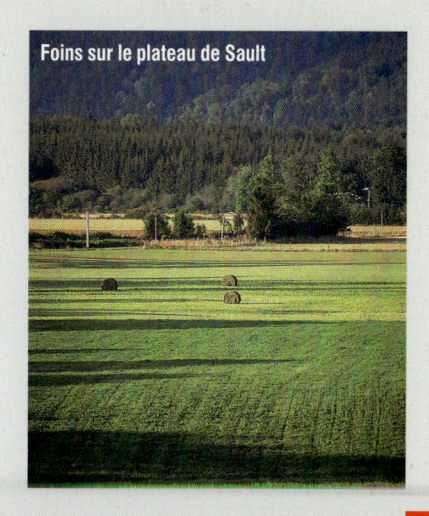

Le sentier se poursuit dans le même milieu géographique à travers le nord-ouest du Pays de Sault. L'importance de la forêt permet de s'attarder sur son histoire. Telle qu'elle se présente, la forêt est le résultat d'un processus historique complexe où ont interféré les exigences de l'économie paysanne traditionnelle, les facteurs naturels et l'autorité administrative de l'État depuis l'Ancien Régime.
Cette étape permet de faire halte tout près du village de Montaillou pour lequel a été décrit le quotidien des habitants au XIVᵉ siècle à travers les interrogatoires de l'inquisiteur Jacques Fournier.

Foins sur le plateau de Sault

**0.00** Depuis **Espezel** (900 m), à l'inverse de la veille, reprendre le chemin qui passe sous la départementale et vire à gauche 100 m après. Laisser un chemin à droite, puis un à gauche et, dans le virage qui suit, tourner à droite sur la piste empierrée blanche qui traverse tout le plateau de manière rectiligne.

**0.40  2,9 km  Intersection en T** de la Vernouze (876 m) : continuer à gauche vers Comus (la veille, vous êtes arrivés par la droite). Laisser bientôt un chemin venant de la gauche (cote 881 m) et poursuivre sur la piste.

**1.00  4,3 km  Carrefour en T** près de la métairie des Arbres : continuer à gauche, puis deux fois à droite.

**1.10  5,1 km** Couper la **D 193** et suivre le sentier en face entre deux clôtures.

**1.25  6,1 km** Traverser cette fois la **D 29** pour grimper sur une piste empierrée, légèrement décalée sur la droite. Après être passés sous la ligne électrique, grimper sur le chemin de droite dans un beau sous-bois mi-feuillus, mi-conifères.

**1.55  7,7 km  Carrefour** de chemins sur la crête (1 023 m, point de vue). Garder la direction générale ouest sur le chemin herbeux qui monte près de la crête (contre la clôture). 300 m après, ignorer un chemin secondaire et poursuivre la montée à gauche, sur sentier.
Atteindre ensuite un point haut en crête, sous les sapins (énorme fourmilière). Par un

petit crochet, le sentier sort du bois et longe un pré en bordure des résineux. Après une barrière, parvenir aux…

**2.30** **9,3 km** Ruines de **Serre Sec d'en Bas** (1 114 m). Traverser un grand pré sur la gauche (sud-ouest puis ouest). Après un deuxième portillon, continuer en face le long des haies.

Franchir le troisième portillon et remonter toujours le très beau plateau de Languerail avec d'étonnantes haies de hêtres sur la gauche, des prés de gentianes sur la droite et la vue sur Montségur, Roquefixade et le Plantaurel en face.

500 m après un réservoir, le chemin redescend. Virer à droite vers un parc à bétail et le…

**3.15** **12,5 km** Large **col** herbeux **de Languerail** (1 165 m). Grimper sur la croupe herbeuse (direction générale sud-ouest) en empruntant le chemin le plus à gauche, qui est aussi le plus raide. Au sommet, dernier point de vue depuis le chemin redevenu horizontal, puis une clôture électrique marque l'entrée dans le bois de la Mandrate.
600 m après l'entrée du bois, laisser un chemin de débardage sur la droite et franchir un court ressaut sur la gauche (passage de la crête boisée). Le chemin accède alors au…

**3.50** **14,9 km** **Refuge des Gardes** (1 306 m, abri ONF ouvert, tables). Emprunter la deuxième piste forestière à droite (panneau «route des sapins»). Elle monte doucement dans la hêtraie sapinière, puis se promène en balcon au-dessus des gorges de la Frau.

**91**

**4.15** **16,1 km** Virage du **Pas de l'Ours** (1 330 m). Les gorges et la montagne de la Frau révèlent toute leur splendeur. Poursuivre sur la piste vers le…

**4.30** **17,0 km Col de la Gargante** (abri, tables ; 1 352 m). Au carrefour de pistes, des deux qui vous font face, prendre celle de droite. Elle est relayée par une route panoramique qui passe au-dessus du très beau plateau du Boum et parvient au…

**5.00** **18,9 km Col du Boum** (1 320 m). Descendre la route à droite sur 400 m, puis emprunter un sentier caillouteux sur la droite. Il coupe la route et plonge vers…

**5.15** **20,0 km Comus** (1 170 m). Rejoindre à gauche l'ancienne école aménagée en gîte d'étape ou le gîte Silence du Midi en partie basse du village.

**L'hiver, les gorges de la Frau sont fermées du 15/12 au 15/03. Une déviation a été balisée pour rallier directement le plateau de Sault à l'aval des gorges au quartier Pélail.** Au refuge des Gardes (3 h 50 – 14,9 km), quitter le balisage du Sentier Cathare pour prendre le premier chemin forestier à droite (ouest). Il passe bientôt dans une clairière puis descend plus nettement dans la forêt. L'itinéraire est désormais balisé de deux traits jaunes. À la prochaine intersection, bifurquer complètement à gauche sur un chemin forestier qui descend de plus en plus raide. Il coupe plus bas un autre chemin forestier et se prolonge en face, toujours très raide (vers le nord). Le sentier finit par descendre dans la combe de Courrent et débouche au quartier Pélail (D 5), où l'on retrouve en face le Sentier Cathare (itinéraire raide et délicat si humide, 700 m de dénivelé négatif en 1 h).

*Montaillou vu du col du Boum*

### LA TOURBIÈRE DU PINET : UNE LEÇON DE PRÉHISTOIRE

À environ 5 km au nord-ouest de Montplaisir, entre la forêt de Bélesta et le bois du Pinet, s'étend sur 45 ha la tourbière du Pinet. Il s'agit d'une cuvette où la tourbe s'est accumulée sur plus de 4 mètres d'épaisseur. Ce lieu est recouvert par un bois de pins à crochets, alors que le sapin domine généralement à cette altitude. La tourbière est constituée d'éléments végétaux qui se sont décomposés à l'abri de l'air dans un environnement humide, reliquat de l'époque glaciaire. C'est un milieu très favorable à l'analyse palynologique (identification de pollens fossiles). Ce genre d'étude permet d'esquisser l'évolution de la végétation au cours des âges, et d'en tirer des conclusions concernant l'action de l'homme sur le paysage végétal.
Ici, la première phase ainsi individualisée se termine vers le milieu du VIe millénaire avant notre ère et se caractérise par la prépondérance du pin. La seconde, qui va du milieu du VIIe millénaire jusqu'au milieu du VIe millénaire avant J.-C., voit la régression du pin au profit de feuillus, essentiellement noisetier et chêne, accessoirement bouleau et orme. La période située entre 5500 et 2500 avant notre ère connaît la diffusion de l'orme et du tilleul, l'extension modérée de l'aulne et du frêne et le fort développement du sapin, signe probable d'un accroissement des précipitations. C'est au cours de cette phase qu'apparaissent les premières traces de l'intervention de l'homme avec l'accroissement de la proportion des fougères dû aux premiers défrichements à partir du néolithique*. La seconde moitié du IIIe millénaire avant J.-C. voit progresser le hêtre. Le déclin du noisetier et du chêne constitue une nouvelle marque de l'action humaine sur le milieu. Enfin, la dernière phase est caractérisée par le développement du hêtre et du

pin au détriment du sapin, et la progression des défrichements à partir du début du deuxième millénaire avant notre ère.

### ✠ LE PLATEAU DE LANGUERAIL

Sur la bordure nord-ouest du pays de Sault, au sommet du bac d'En Filla, s'étire l'étroit plateau de Languerail. Cette bande de pâturages et de landes est partout enserrée par les hautes futaies des sapinières. Quelques vieux arbres fruitiers témoignent que cette terre était autrefois cultivée. La ferme de Serre Sec d'en Haut atteste la déprise humaine au cours du XXe siècle. La toponymie traduit la rareté de l'eau sur le plateau de Languerail. Ceci explique le captage de la source qui vient remplir un grand abreuvoir à cinq bassins en pierre placés près de la route forestière, pour le bétail.

### ✠ QUAND LES PAYSANS VIVAIENT DE LA FORÊT

La présence de bêtes sauvages, en particulier de loups, oblige les habitants à parquer leur bétail. Ils doivent donc construire des clôtures qui sont d'autant plus nombreuses qu'ils ne pratiquent pas le troupeau communautaire, chacun conserve ses bêtes sur ses terres pour les fumer. Cette pratique, signalée dès 1598 à Espezel et surtout à Camurac, fait l'objet de condamnations constamment répétées, dans la mesure ou, pour construire ces clôtures, les habitants coupent de grandes quantités de pieds de jeunes sapins dans les forêts royales. En 1598, les officiers estiment à deux mille le nombre de sapins ainsi utilisés autour de Camurac en 1668 ; P. Besset remarque que les « prés et les jardins proches (de ce) village sont clos et fermés de belle jeunesse de sapins de cinq à six cannes », c'est-à-dire d'une dizaine de mètres de haut. La pratique persiste encore en 1739. Les officiers expliquent alors qu'il faut cent cinquante jeunes sapins pour faire un bercail et qu'on peut estimer à six mille le nombre de sapins coupés chaque année dans ce but dans les forêts de Sault et des Fenouillèdes. Parfois, ces clôtures sont faites en buis ou en hêtre.

(Extrait de Christian Fruhauf)

**Au col de Boum**

## LA FORÊT DU PAYS DE SAULT, SOUS L'ANCIEN RÉGIME

Le milieu forestier du plateau de Sault est aujourd'hui en grande partie dominé par les sapinières. Il y a seulement quelques siècles, cette même forêt était largement ouverte à la vie paysanne et à ses défrichements, soit dans les parties les plus basses des massifs, soit à l'intérieur même. Des cultures étaient installées sur les brûlis, tandis que le bétail broutait sous les arbres. En outre, le bois constituait une matière première d'importance, que ce soit pour la construction, le chauffage, le matériel agricole, le fonctionnement des forges. Avec le sapin, on fabriquait des comportes qui servaient à transporter diverses marchandises. Le hêtre était aussi très prisé pour la confection de sabots, de tamis, de caisses, d'araires, de charrettes, etc. La propriété des forêts était de deux sortes, forêts appartenant au roi de France depuis le XIIIe siècle et forêts relevant de seigneurs locaux. Les forêts royales étaient en général plus dégradées que les forêts seigneuriales à cause de l'action humaine sur le milieu naturel. Les forêts seigneuriales étaient mieux surveillées que les premières, les agents du roi, trop peu nombreux, ne pouvaient efficacement contrôler l'état des forêts. À partir de 1661, l'administration royale mit en place un groupe de forestiers destinés à gérer la forêt en fonction d'impératifs politiques et économiques dictés par l'État. Mais les habitudes ancestrales ne pouvaient brusquement être abandonnées. Les défrichements et coupes ponctuelles devenaient alors des délits que l'administration réprima avec plus ou moins de zèle. À partir de 1827, avec l'application du code forestier, la restriction des usages en forêt devint de plus en plus sévère ; les réactions de la population purent prendre des aspects violents à l'encontre des gardes forestiers et tourner parfois à des situations insurrectionnelles. Le paysage végétal actuel du pays de Sault s'explique en partie par les conséquences de la politique décrétée par Colbert au XVIIe siècle : le développement du sapin a été privilégié conformément aux intérêts commerciaux que cette espèce représentait. Telle qu'elle apparaît aujourd'hui, on peut dire que la forêt du pays de Sault est une création des XVIIe et XVIIIe siècles.

## AILLOU : PETIT PAYS, GRANDE RENOMMÉE

Au sud de Comus, passé le cours de l'Hers, le sentier entre en Ariège par le petit pays d'Aillou. Ce territoire ne s'étend pas au-delà des communes de Prades et de Montaillou. Du point de vue géographique, il s'agit de l'ultime prolongement occidental du Pays de Sault. À plus de 1 000 mètres d'altitude, ce pays très peuplé au XIXe siècle a vu, comme partout dans les Pyrénées, sa population décroître de façon vertigineuse surtout entre 1870 et 1914. Les forces vives du village de Prades ont alors émigré vers le Sénégal.

Quant à Montaillou, ce village représente un jalon très important dans l'histoire des mentalités au Moyen Âge. Le passé médiéval de la localité n'est représenté que par les ruines du château qui se dressent à l'ouest du village actuel, postérieur au Moyen Âge.

## MONTAILLOU AUX PRISES AVEC L'INQUISITEUR

Sans le travail de Jean Duvernoy consacré au Registre d'Inquisition de Jacques Fournier, sans l'ouvrage d'Emmanuel Leroy Ladurie, Montaillou, village occitan, nul doute que cette petite localité serait toujours restée inconnue du grand public. Et pourtant, lorsqu'au début du XIVe siècle, entre 1318 et 1325, l'évêque de Pamiers Jacques Fournier, futur pape Benoît XII, décida d'éradiquer définitivement l'hérésie cathare de Haute-Ariège, il constitua, au fil des interrogatoires menés avec minutie et ténacité, un registre de dépositions, document précieux, édité et traduit par Jean Duvernoy, matériau de base du livre d'Emmanuel Leroy Ladurie. Inculpés ou simples témoins les paysans de Montaillou (et ceux du village voisin de Prades) eurent à répondre à des questions très précises, allant bien au-delà des formules codifiées dans le Manuel de l'Inquisiteur de Bernard Gui. Grâce à la curiosité de Jacques Fournier, les croyances réelles des montagnards de Haute-Ariège se dessinent assez clairement. Il s'agit en fait d'un catharisme particulier, teinté de paganisme et de christianisme, qui se signale notamment par la croyance en la possibilité d'incarnation de l'âme humaine dans des animaux, et par l'idée que seuls les animaux nuisibles ont été créés par le diable, Dieu étant en revanche à l'origine des animaux utiles. Finalement, si les habitants de Montaillou sont hérétiques par rapport au christianisme, ils le sont aussi par rapport au catharisme « orthodoxe ». Mais les renseignements que fournit le Registre d'Inquisition de Jacques Fournier vont au-delà des convictions religieuses des paysans de Montaillou : ils nous restituent en fait l'image de la vie quotidienne au sein de cette communauté isolée dans les montagnes, et par là même, relativement autonome face aux autorités laïques (roi de France et comte de Foix) et religieuses (évêques de Pamiers).

Comus

Ainsi, à travers le zèle inquisitorial de Jacques Fournier, la voix des paysans de Montaillou se fait encore entendre, pour raconter les travaux et les jours d'un village pyrénéen au XIVe siècle, époque d'effacement pour le catharisme.

(Dominique Baudreu)

### ✱ L'INQUISITION (1RE PARTIE)

Le dimanche de Pâques 1229, de toutes les localités libérées de la croisade depuis 1224, parfaits et parfaites cathares sortirent, accompagnés d'une partie de la population en pleurs, pour prendre le chemin du maquis et de l'exil. Le traité signé par le comte de Toulouse entrait en vigueur, qui comportait le bannissement des « hérétiques ». Pour tous, et au premier chef pour la population de Toulouse, dont les murs avaient été le principal refuge, l'affaire était close, car à ses yeux « hérétique » était synonyme de « parfait ». Or, au concile qui se tint à Toulouse au cours de l'été, l'évêque Foulque apporta une liste de personnes qu'il considérait comme telles, bien que n'étant jamais entrées dans les ordres cathares, et qui devaient, selon lui, se voir infliger des pénitences analogues à celles de leur comte : se faire fouetter sur le parvis de l'église, abjurer et partir pour Constantinople. Or il y avait bien peu de notables à Toulouse dont l'hôtel n'ait pas hébergé pendant les sièges successifs des faidits* résolus ou des parfaits rescapés des « holocaustes agréables au Seigneur ».

Foulque présenta des témoins, dont le principal fut un ancien parfait renégat auquel on donna une prébende* de chanoine ; les autres évêques les interrogèrent, et le légat emporta cette procédure en Provence. Quelques citoyens le suivirent, en exigeant que le droit fût respecté, et que les témoignages leur fussent communiqués. Le légat* leur donna les témoignages anonymes d'une part, et de l'autre le nom de tous les témoins dans l'entière procédure, pour qu'ils ne pussent récuser comme ennemis personnels ceux qui avaient déposé contre eux. Ainsi naquit l'Inquisition, qui substituait au système pénitentiel d'exclusion ou de réadmission dans l'Église un système juridique pénal.

Le pape Grégoire IX avait, dès 1231, envoyé des bulles de libellé identique (Ille humani generis) en Allemagne, et aux supérieurs dominicains de France, enjoignant de désigner des enquêteurs, qui en fait cumulaient les fonctions de confesseur-pénitencier et de juges. Ce furent pour le comté de Toulouse deux dominicains, un ancien légiste de Montpellier, Guillaume Arnaud, et le fils d'un ancien officier de Raymond VI, Pierre Cellan. À la mort de l'évêque Foulque, la même année 1233, ce fut un dominicain qui prit sa place, et le couvent hébergea également dans la chaire de théologie de la nouvelle université un frère particulièrement militant, Roland de Crémone.

La réunion de tous les magistères* entre les mêmes mains eut des effets dramatiques : prédications provocantes, défis lancés à la population, exhumation de cadavres, transport sur son lit d'une vieille malade au bûcher le jour anniversaire de la canonisation de saint Dominique, et pour finir poursuites contre des personnages consulaires. C'en était trop : en 1235, les consuls expulsèrent l'inquisiteur Guillaume Arnaud, puis l'évêque et les dominicains. L'année suivante, la ville de Narbonne allait aussi s'insurger contre l'inquisiteur, le dominicain catalan Ferrer, et appeler Raymond VII à son secours.

Ce dernier était alors en bons termes avec le pape. Les choses s'arrangèrent. Les dominicains rentrèrent. On nomma un franciscain pour flanquer Guillaume Arnaud, le comte s'engagea à ne pas confisquer les biens de ceux qui se confesseraient dans la huitaine de la sommation de l'inquisiteur. En 1238, Raymond VII était assez sûr des bonnes grâces de Grégoire IX pour lui demander, dans un gros dossier, de retirer l'Inquisition aux dominicains, et qu'il n'y ait plus de condamnations pour des faits antérieurs au traité de paix de 1229.

Les prélats de Languedoc avaient mesuré l'ampleur et les difficultés de la tâche. Dans l'été 1235, ils tinrent un concile* à Béziers, qui s'appliqua à définir le délit de « croyance », et qui posa en principe que nul ne pouvait ignorer le catharisme ou le valdéisme*. Quiconque avait frayé avec les Cathares était censé avoir partagé toutes leurs croyances. Désormais, et jusqu'après 1300, l'opinion des condamnés ne fut indiquée que par un formulaire stéréotypé. Par dérogation à la bulle Ad abolendam de 1184, qui avait prévu l'abandon au bras séculier, la peine de la relapse* fut pour les croyants la prison perpétuelle. Elle devait être subie dans des murs qu'on achevait de construire avec des amendes parfois libellées en milliers de briques, comme pénitence.

(Jean Duvernoy)

14,5 km　3h30　500 m　**10ᵉ étape**

Le village de Montségur

# → Comus
# → Montségur

**L'étape** assure la transition de l'Aude en Ariège, et du Pays de Sault au Pays d'Olmes. Après un détour dans les surprenantes gorges de la Frau, le sentier gagne le château de Montségur, visible dès qu'on accède au faîte du versant ouest des gorges. Le *pog* de Montségur symbolise la résistance de l'église cathare finissante face à l'Église de Rome, mais aussi face au roi de France qui prit possession du site après la reddition et le bûcher de 1244.

## RENSEIGNEMENTS PRATIQUES

- IGN 2148 ET Ax-les-Thermes et 2247 OT Lavelanet, au 1/25 000

### ✤ MONTSÉGUR (09300)

- → OT, 104 village, 05 61 03 03 03, www.montsegur.fr, www.montsegur.org
- → Épicerie
- → GE Lou Sicret, 14 pl. en 2 dortoirs, 25 €/p. pdj compris 1/2 pension 39 €/p., panier-repas 8 €, épicerie de dépannage, Jean-Luc Massera, 90 village, 05 61 01 08 57, www.gite-montsegur.com
- → CH L'Oustal, 12 pl., 05 61 02 80 70, serge.germa@wanadoo.fr, www.montsegur.org/html/oustal
- → CH Le Pèlerin, 8 pl., en 4 ch., 65 €/2 p., pdj 8 €, 05 34 14 00 39, info@pelerin111.com, www.pelerin111.com
- → H Couquet, 4 ch., 40 à 45 €/2 p., pdj 6 €, 81 village, Aimée Couquet, 05 61 01 10 28
- → HR Costes, 13 ch., 06 68 39 15 30
- → Aire de camping sortie sud du village, 45 empl., tente 4 €/p., d'avril à septembre, mairie. montsegrur@alsatis.net, 05 61 01 10 27

Les fleurs de Montségur

**Le château de Montségur**

## 1.45 — 8,0 km Carrefour du quartier de Pelail
(605 m, aire de pique-nique). Emprunter la petite route à gauche dans le hameau, le long des résineux. Un chemin prend le relais et accède à une intersection : continuer à droite désormais sur un sentier caillouteux qui remonte la rive gauche du ruisseau des Rivels (à droite du ruisseau en montant), en passant près de ruines.

## 2.20 — 10,2 km
On passe sur l'**autre rive** (840 m). Le sentier décrit alors des lacets raides, puis remonte la forêt de façon rectiligne et assez abrupte.
Plus haut (970 m), déboucher sur une allée forestière à suivre à droite. Elle se transforme en sentier qui franchit un ressaut caillouteux, puis grimpe péniblement sur un sol terreux.

## 2.45 — 11,0 km
Le sentier fait un **coude brusque** à droite (nord-est), s'assagit enfin (1 040 m), et accède bientôt aux ruines de Liam (replat herbeux). Descendre au nord-ouest sur l'unique sentier entre deux haies, laissant apparaître des vues sur Montségur entre les feuillages.

## 3.10 — 13,0 km
**Chemin rural** (950 m) à suivre à gauche sur 50 mètres. Plonger très vite à droite sur un nouveau sentier traversant une plantation de résineux. En bas, emprunter le pont sur le ruisseau et rejoindre la…

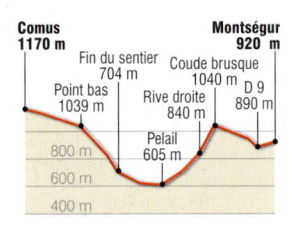

## 0.00 — Comus
(1 170 m). Descendre vers l'entrée du village. Près du monument aux morts, prendre à droite la piste empierrée blanche qui descend vers les gorges de la Frau.

## 0.15 — 1,2 km Intersection en Y
(1 137 m) : laisser à gauche la piste forestière de l'Ourza et poursuivre à droite.

## 0.40 — 3,3 km Point bas
de la piste (1 039 m) ; elle remonte ensuite sur l'autre rive. L'abandonner ici pour prendre à droite le sentier qui suit le fond des gorges de la Frau, en accordant des points de vue très particuliers. Attention aux rochers devenant glissants par temps humide.

## 1.15 — 5,5 km Fin du sentier
(704 m). Avancer sur la route, en descente sur 2,5 km, jusqu'au…

Le château de Montségur

**3.20** **13,5 km D 9:** longer le goudron à gauche sur 100 m et prendre le deuxième chemin à droite. Il passe près d'une Vierge et débouche près du camping de Montségur.

Longer la route et choisir la première rue à droite pour accéder à…

**3.30** **14,5 km Montségur** (920 m). Musée.

Montségur : le décor est posé

### ✠ LES GORGES ET LA MONTAGNE DE LA FRAU

Sur un kilomètre de long, les gorges de la Frau sont entaillées dans des calcaires. Leur nom désigne l'effroi, la frayeur, et évoque le côté sauvage des lieux. Au fond coule l'Hers qui n'est encore qu'un ruisseau. Dès que le sol le permet, les pentes très abruptes sont boisées de hêtres et de sapins, mêlés de houx sur le versant de la forêt domaniale de Prades. Au bord du ruisseau serpente le sentier sous un couvert de noisetiers où l'on trouve aussi quelques érables de Montpellier. Voici un siècle, le chemin était plus large et constituait une importante voie de communication entre le Pays de Sault et le Pays d'Olmes. En 1907, un projet de route commença à être mis à exécution, mais fut brusquement interrompu par une trombe d'eau qui provoqua l'inondation des gorges en détruisant les ouvrages déjà construits ainsi que le chemin sur la moitié de son parcours. Les gorges de la Frau étaient aussi une voie de passage vers l'Espagne, notamment pour les contrebandiers qui pouvaient se réfugier facilement dans les cavités naturelles des parois.

Immédiatement à l'ouest des gorges s'élève un important massif calcaire, la montagne de la Frau, qui culmine à 1925 mètres. On y trouve des phénomènes d'érosion caractéristiques des reliefs calcaires : vallées sèches, trous souffleurs, dolines qui sont des dépressions fermées de forme circulaire ou ovale, cirques qui peuvent conserver la neige jusqu'en plein été.

### ✠ MONTSÉGUR, VILLAGE-FORTERESSE

Tout voyageur qui, venant de Mirepoix et du pays d'Olmes, voulait au Moyen Âge gagner la haute vallée de l'Ariège, ou, au-delà, la Cerdagne ou l'Andorre, passait obligatoirement au pied du *pog*\* de Montségur. La route du nord, celle de Lavelanet et Massabrac – aujourd'hui Benaix – franchissant la crête de Morency, et la route de l'est, qui arrivait de Montferrier en courant bien au-dessus de la route moderne, se rejoignaient non loin du point de départ de l'ultime sentier muletier qui conduit à la forteresse. Le chemin continuait alors vers le sud en longeant un vaste replat, puis plongeait vers le torrent du Lasset ; les premières maisons du village actuel sont toujours édifiées de part et d'autre de son tracé. Plus bas encore, il recevait sur sa gauche la route de l'ouest, celle qui venait de Bélesta par le col de la Couillade. Puis, de forêts en clairières, il partait à l'assaut du flanc oriental de la montagne de la Frau, jusqu'au grand plateau de Pratmau d'où l'on pouvait aisément gagner le col de la Peyre et redescendre sur Lordat et la vallée de l'Ariège. Carrefour obligé de quatre routes, le Montségur médiéval jouissait donc d'une position stratégique exceptionnelle. On ne sait cependant pas pourquoi le village fortifié, le castrum* qui existait au XIIe siècle, était ruiné aux environs de 1204, lorsque l'Église cathare demanda au principal seigneur du pays d'Olmes, Raymond de Péreille, de le réédifier.

Mais la nouvelle agglomération fut suffisamment importante pour accueillir bientôt en permanence de quatre à cinq cents personnes, et pour être le théâtre, quarante ans durant, de l'incessant va-et-vient de ministres de la religion interdite, de chevaliers *faidits*\*, c'est-à-dire dépossédés par la conquête et proscrits par le pouvoir royal, et de pèlerins de toute origine venus clandestinement saluer les dignitaires de leur Église, écouter leurs sermons, recevoir d'eux le sacrement salvateur.

(Michel Roquebert)

### ✺ EN ALLANT SUR LE POG

Il faut à peu près une demi-heure pour gravir à pied la face sud du pog, par un sentier en nombreux lacets, aménagé sur des murs de soutènement. Mais on pouvait aussi le faire à dos de cheval ou de mulet : elles sont encore là, taillées à même le rocher, en deux endroits du parcours, les marches profondes et peu élevées qui permettaient le passage des montures.

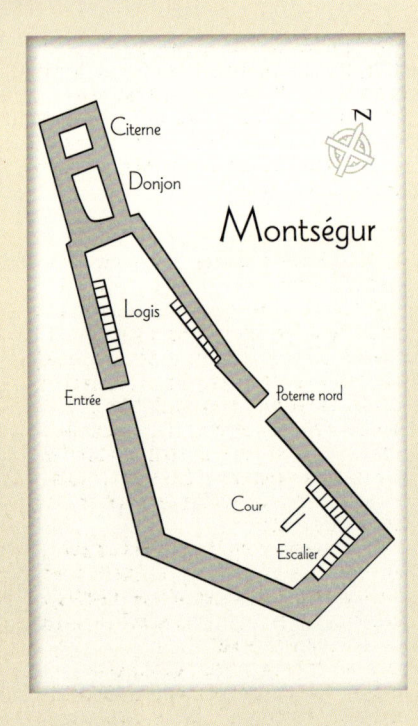

Plan de Montségur avec légendes : Citerne, Donjon, Logis, Entrée, Poterne nord, Cour, Escalier, N (nord).

Avant d'arriver au castrum, il fallait franchir deux grands murs barrant complètement la face sud, s'appuyant à chacune de leurs extrémités à des escarpements impraticables et percés chacun d'une unique porte. Un dernier ouvrage défensif, une barbacane, protégeait l'entrée du village : on n'a pas retrouvé sa trace, mais on sait par les documents du temps qu'il existait. Et voici enfin le castrum lui-même, posé comme une couronne au sommet de la montagne. C'est le dos des maisons les plus extérieures qui constitue son enceinte, et celles du nord et de l'ouest sont construites au bord même des à-pic. L'habitat se développe sur plusieurs terrasses concentriques, obtenues par martèlement de la roche, par comblement des failles au moyen de la terre et de cailloutis, par construction de murs de soutènement. De petites maisons se pressent les unes contre les autres leur construction est fort rustique : la base des murs est faite d'assises de pierre sèche, le reste est élevé en bois et en torchis ; çà et là, c'est la roche elle-même, soigneusement taillée, qui sert de mur. Il y a parfois un étage : les poutres des planchers, comme d'ailleurs celles des charpentes, s'encastrent dans des mortaises taillées au burin dans le rocher. Les toitures sont en tuiles rousses. D'étroites ruelles – les *viae* et les *carieras* des documents – serpentent entre les masures, et des escaliers parfois acrobatiques, tantôt taillés eux aussi dans la roche, tantôt faits de marches maçonnées, font communiquer entre eux les divers niveaux. De-ci de-là, une citerne est aménagée pour recueillir les eaux de pluie qui ruissellent des toits – car il n'y a pas de puits au sommet du pog ; un silo sert de réserve pour le grain ou la viande salée.

Il y a la maison du meunier, Pons Aïs, avec sa meule à bras. Celle de la boulangère, Guillelme Marty, avec son four. Et bien d'autres ateliers d'artisans : on sait qu'il y avait des tailleurs, des couturières, mais aussi, certainement, des gens qui travaillaient le cuir, d'autres le fer, d'autres le bois. Montségur est un village qui vit en autarcie à peu près complète – sauf pour la nourriture, qui est achetée aux marchands de passage, car la situation se prête mal à l'exploitation paisible d'un terroir agricole.

(Michel Roquebert)

### LES DERNIERS JOURS DE MONTSÉGUR

La population se répartit de façon à peu près égale entre la communauté religieuse – forte, à la veille du siège, de quelque deux cents Parfaits et Parfaites cathares, avec leurs évêques et leurs diacres – et la communauté laïque : le clan seigneurial, c'est-à-dire une quarantaine de membres de la famille de Raymond de Péreille et de son cousin germain Pierre-Roger de Mirepoix ; puis les chevaliers proscrits, les *faidits**, avec parfois leur mère, leur femme ou une sœur, leurs écuyers, leurs sergents. La garnison recrutée par Pierre-Roger constitue une part importante du peuplement, avec sa centaine ou presque d'hommes d'armes, archers, arbalétriers. Les plus humbles d'entre eux, comme le sergent Guillaume Garnier – un ancien bouvier – n'ont même pas de « maison », mais sont logés dans de simples cabanes.

Ce grouillant labyrinthe à la mosaïque de ses toits dominée par le château seigneurial. On n'en a pas retrouvé de vestiges – car il fut détruit après la reddition de 1244 – mais il est probable qu'il était dressé au point le plus élevé du site, peut-être à l'emplacement du donjon actuel. Et il avait, bien sûr, son propre donjon, où vivaient d'ailleurs Raymond de Péreille, son épouse Corba et leurs enfants.

À l'extrémité orientale du castrum, une porte, protégée en avant par une autre barbacane, s'ouvrait sur la crête de la montagne. Un sentier en forte dénivellation permettait d'atteindre au bout de 800 mètres le roc de la Tour et l'ouvrage défensif qui surplombe d'une falaise de 80 mètres les gorges du Lasset. C'est cette tour qui fut emportée par un commando d'assaillants, une nuit de décembre 1243…

L'armée royale mit alors un mois et demi pour progresser le long de la crête, appuyée par des catapultes dont maints boulets sont encore épars dans la forêt. À la mi-février 1244, arrivée aux défenses extérieures du castrum, elle tenta un assaut à l'aide d'échelles – sans doute contre la barbacane orientale. Elle fut repoussée. Pas pour longtemps ! Le 1er mars, Pierre-Roger de Mirepoix négocia sa reddition avec le sénéchal de Saint Louis. Déjà gravement laminé par le siège, le vieux castrum cathare dut être détruit, car l'armée catholique avait ordre de raser de fond en comble toute demeure où auraient été pris des « hérétiques », morts ou vifs. Mais sa valeur stratégique n'avait pas échappé aux conquérants : Montségur fut donné à Guy II de Lévis et, sur ordre du roi, le seigneur français jeta sur le castrum abandonné la puissante forteresse qui dresse toujours ses vestiges au sommet du pog ariégeois.

(Michel Roquebert)

## LE SIÈGE DE MONTSÉGUR

Bien que le château de Quéribus ait résisté une dizaine d'années après la chute de Montségur, ce dernier château reste chargé d'une grande valeur symbolique dans l'histoire du catharisme occitan. La forteresse était devenue le camp retranché de l'Église cathare pourchassée. D'autre part, la reddition du château, le 16 mars 1244, fut marquée par un bûcher de plus de 200 hommes et femmes ayant choisi de rester fidèles à leur foi. Une stèle commémorative perpétue leur souvenir. Ce haut lieu ne fut jamais directement impliqué dans les événements du début de la croisade. Ce n'est que très tard, en 1242, qu'une soixantaine de défenseurs de Montségur dirigés par Pierre-Roger de Mirepoix, organisèrent une expédition jusqu'à Avignonet, dans le Lauragais, pour y massacrer plusieurs inquisiteurs afin de venger leurs victimes. Cet épisode amena un an plus tard le concile de Béziers à décider de la prise de Montségur. Six mille hommes commandés par l'archevêque de Narbonne, Hugues des Arcis, et par le sénéchal du roi de France à Carcassonne, Pierre Amiel, entamèrent le siège en mai 1243. Après la prise du poste avancé du roc de la Tour, des machines de jet sont installées à portée du château. Au mois de mars 1244, les assiégés, épuisés, sont contraints de négocier les conditions de la reddition. Durant la nuit du 15 au 16 mars, quatre Parfaits réussissent à quitter le château pour mettre en sécurité le trésor monétaire de l'Église cathare, trésor dont la nature reste inconnue et qui contribue à entretenir la légende de Montségur.

## VISITER LE CHÂTEAU

On accède au sommet par l'unique sentier qui gravit la pente sud-ouest. Le chemin d'accès aboutit devant la porte sud du château protégée par des hourds* reposant sur des corbeaux*. On débouche dans une cour qui était entourée de bâtiments sur trois étages desservis par des escaliers accédant au chemin de ronde. À l'extrémité est, un escalier permet d'atteindre le sommet de la courtine*. Il s'agit à cet endroit d'un mur-bouclier (4,20 m d'épaisseur) constituant un point important de la défense. Cette partie du site offre un remarquable point de vue.

Après être descendu par l'escalier, une poterne aménagée dans la courtine nord permet de sortir du château et de longer la courtine en direction du nord-ouest vers le donjon. On y accède en passant les vestiges d'une citerne.

Le premier étage du donjon, dans lequel se logeaient le seigneur et sa famille, était éclairé par quatre fenêtres à banc de veille. Cette pièce comportait également une cheminée et un puits. Le donjon, rectangle de 20 mètres sur 9, couvert d'une terrasse vraisemblablement hourdée communiquait avec la partie ouest de la cour actuelle par une porte au premier étage. La circulation verticale s'effectuait par un escalier hélicoïdal dans l'épaisseur du mur.

En contrebas vers le nord-est, s'étageait le village médiéval disparu du XIIIe siècle. Ainsi, les ruines du château ne correspondent en rien à la forteresse qui subit la neige de 1243-44. Ce que nous voyons aujourd'hui est le fait de constructeurs à la solde du roi de France.

# 11e étape — 17 km — 4 h 15 — 550 m

# → Montségur
# → Roquefixade

L'avant-dernière étape poursuit la traversée du verdoyant Pays d'Olmes, pays de la laine et de la corne, et fait découvrir les vestiges d'un des plus beaux châteaux médiévaux de l'Ariège, le nid d'aigle de Roquefixade, qui domine le village du même nom.

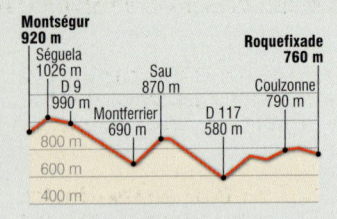

**Vue de Roquefixade**

## RENSEIGNEMENTS PRATIQUES

IGN 2247 OT Lavelanet et 2147 ET Foix, au 1/25 000

### MONTFERRIER (09300)

- → Épicerie
- → G et CH Les Ninouninettes, 12 pl., 2 ch., de 41 à 51 €/2 p., dortoir, 18 €/p. pdj compris, repas 21 €, à 1,5 km sur le GRP Massif de Tabe, Célia et Stéphane Bouchard, 0561643691, ninounettes@yahoo.fr, www.les-ninouninettes.net
- → GE Le Paquetayre, 19 pl., toute l'année, accueil équestre, Michel et Michèle Thouzery, 0561030629, www.ariege.com/le-paquetayre
- → CH Serre de Marou, 2 ch., 55 €/2 p., pdj compris, repas sur réservation 21 €, Yves et Nicole Masset, 0561011475, www.ariege.com/serredemarou
- → Camping La Fount de Sicre, 26 empl., tente 13 €/2 p., bungalow 4 pl. 16 €/p., 0561012097, www.lafountdesicre.com

### ROQUEFIXADE (09300)

- → GE Les Troubadours, 3 ch. 13 pl. et dortoir 6 pl., de 25 à 32 €/p. pdj compris, 1/2 pension de 44 à 52 €/p., pension complète (nuitée, menu du soir, pdj et panier-repas) de 53 à 61 €/p., 0561664456, aubergedestroubadours@gmail.com, www.aubergedestroubadours.com
- → H Relais des 3 Châteaux, 7 ch. lieu-dit Palot, 0981980061, lerelaisdestroischateaux09@gmail.com
- → CH Laffont Marie, 4 ch., Le Village, 0675839456

**Le château de Roquefixade**

**0.00 Montségur** (920 m). En quittant le village par la route principale, dans le virage situé après le cimetière, quitter la D 9 pour une voie goudronnée sur la gauche (sens interdit sauf riverains). Elle traverse le plateau herbeux du Fourniel et accède à…

**0.20 1,2 km Séguela**, parking du château (1 026 m). Traverser la route et parvenir au petit col sous le château (visite en montant à droite : 5 € en saison).
À l'intersection de sentiers, laisser le GR 7 descendre à droite et continuer à gauche en sous-bois pour retrouver plus bas la…

**0.40 2,5 km D 9**, virage du Plancat (990 m). Descendre à droite sur 250 m, puis quitter le goudron pour franchir un portillon sur la gauche. Après un dernier coup d'œil sur le pog, avancer sur le chemin qui descend vers le vallon boisé du ruisseau de la Bouche.
Juste avant le ruisseau, choisir le chemin à droite. Il laisse sa place à un joli sentier qui dévale la rive droite un bon moment. Il traverse la route des Monts d'Olmes (D 909), passe en rive gauche et côtoie les constructions de Borde de Bas. Ignorer les chemins de part et d'autre et suivre le ruisseau et le sentier jusqu'à ce qu'il soit relayé par le goudron qui descend, toujours devant vous, au…

**1.30 6,2 km Pont de Montferrier** (690 m). Enjamber la rivière Touyre et, sur l'autre rive, monter aussitôt à gauche et, 150 mètres après, à droite. Après un centre de vacances, abandonner la voie goudronnée pour le sentier qui continue à grimper en face. Laisser un premier sentier venant de la droite et à l'intersection en Y (croix, 780 m), choisir l'option de gauche. À l'intersection suivante, opter pour le sentier de droite. Le sentier coupe ensuite les lacets d'une petite route cinq fois de suite et atteint le…

**1.55 7,7 km Quartier de Sau** (870 m). Emprunter à droite la voie goudronnée entre les maisons ; elle est prolongée par une piste (vue sur Montségur). Suivez-la jusqu'à un…

**2.05 8,3 km** Vaste **col herbeux** (870 m). Passer le portillon en bois et s'engager sur un petit sentier encaissé sur la droite. Dévaler ensuite une belle hêtraie sur le chemin principal.

105

Au niveau d'un croisement en patte-d'oie (730 m), quitter la piste principale et effectuer un virage serré sur la gauche. Bientôt le chemin se transforme en sentier et l'on rejoint le ruisseau de Cachalet. Descendre dans le bois en sa compagnie jusqu'à rencontrer la maison Pipié. Là, descendre sur la voie goudronnée à gauche pour rallier la…

## 2.45
**11,3 km D 117** au lieu-dit Conte (580 m).
La longer sur 150 m à gauche, puis la traverser pour suivre un chemin de l'autre côté. Monter sur le chemin principal (direction est-nord-est) jusqu'à une bifurcation en

patte-d'oie face à une plantation d'épicéas ; prendre à gauche un sentier qui contourne un ancien pré (embroussaillé) par la droite et continue à grimper sous les hêtres (laisser une sente à droite).
Après avoir longé un second ancien pré, le sentier atteint son point haut (740 m). Restez attentifs au balisage : il faut quitter le chemin principal pour un sentier discret sur la droite qui descend doucement de l'autre côté, dans la forêt de Mondini, vers un…

**3.30** **13,8 km** **Carrefour routier** en Y (710 m) : laisser la D 9 et choisir en face la petite route qui monte vers Coulzonne.

**3.45** **14,9 km** Dans le hameau de **Coulzonne** (790 m), tourner à gauche pour avancer sur un chemin empierré. Laisser bientôt deux chemins sur la droite et marcher droit devant jusqu'à une…

**3.55** **15,7 km** **Stèle** et petit col (800 m). Continuer à droite sur le chemin en terrasse qui parcourt le versant sud du Roc Marot. À l'approche du village, descendre à gauche à l'intersection de chemins pour rallier…

**4.15** **16,8 km** L'église de **Roquefixade** (760 m).

Fontaine à Montferrier

### PAYS D'OLMES : LA LAINE ET LA CORNE

La traversée de cette région a déjà été entamée à partir de Montségur et de ses environs. Par rapport au Pays de Sault, les influences méditerranéennes s'estompent de façon très sensible. Le Pays d'Olmes, au sud de la chaîne du Plantaurel, est dominé par le pic de Saint-Barthélemy, à 2348 mètres d'altitude. Lavelanet est le centre économique de cette région qui possède une vieille tradition industrielle textile. L'élevage des bêtes à laine fournissait la matière première aux drapiers, tisserands et teinturiers. Encore aujourd'hui, Lavelanet est un des premiers centres pour la production lainière en France. Les filatures, teintureries et usines de tissage se sont installées dans les villages voisins. Bien qu'elle ait su diversifier ses fabrications vers des textiles spéciaux, cette industrie affronte de très graves difficultés. Le Pays d'Olmes était également célèbre pour ses peignes en corne, autre activité liée à l'élevage. Ces traditions artisanales sont évoquées dans un musée (maison du textile et du peigne en corne à Lavelanet). À Bélesta, quelques ateliers fonctionnent encore, s'évertuant à conserver le tour do main.

## ROQUEFIXADE, OU LA BASTIDE DE MONTFORT

Au Moyen Âge, Roquefixade portait aussi le nom de La Bastide-de-Montfort. Les bastides sont des villages ou des villes fondés de toutes pièces, aux XIIIe et XIVe siècles, dans le midi aquitain et toulousain, par des autorités civiles (roi de France, roi-duc d'Aquitaine, comte de Toulouse, comtes et seigneurs régionaux), souvent en collaboration avec des établissements monastiques, dans le but de répondre à une pression démographique, de rationaliser la gestion de leurs domaines, de jalonner leur territoire… À l'occasion de cette création, les fondateurs ont souvent accordé aux habitants des coutumes organisant la vie de la communauté. Celles de La Bastide-de-Montfort ont été conservées, elles datent de 1288 et attestent que la bastide a été fondée par le sénéchal royal S. Briseteste.

Ces bastides possèdent des caractères spécifiques : un plan quadrillé (c'est bien le cas de Roquefixade), qui permettait de constituer d'emblée des lots réguliers et homogènes à mettre à la disposition des nouveaux habitants ; une place publique : celle de Roquefixade est dotée d'une fontaine-abreuvoir. Enfin, le nom des nouvelles fondations porte généralement une trace du contexte de la création : ce peut être comme à Roquefixade la mention de bastide, une allusion à l'autorité fondatrice (Montréal : Mont-Royal), le nom d'une ville étrangère (Florence pour Fleurance). Ainsi, la fondation de Roquefixade, sous le nom de La Bastide-de-Montfort, s'inscrit dans le double contexte du développement des villages neufs au Moyen Âge et de l'implantation du pouvoir royal en Languedoc.

## LES VESTIGES DE ROQUEFIXADE

Le comté de Foix et la vicomté de Couserans, qui formeront plus tard le département de l'Ariège, furent dès le début de la féodalité hérissés de châteaux forts. Entre Foix et Lavelanet, le château de Roquefixade existait antérieurement à la Croisade. Plusieurs habitants du château et des environs se rendirent régulièrement à Montségur de 1238 jusqu'à l'époque du siège.

Roquefixade apporta son soutien, en 1272, au comte de Foix Roger Bernard III, lors de sa révolte contre Philippe III le Hardi. Cela valut au château d'être confisqué par le roi et doté plus tard d'une garnison. Prétextant que l'entretien du château était onéreux et que les habitants étaient désormais en sécurité, Louis XIII ordonna le 28 octobre 1632 la démolition de Roquefixade et de plusieurs autres châteaux. Comme ses voisins audois des Corbières, juché sur une haute falaise et ainsi paré de bonnes défenses naturelles, le château était également protégé par deux enceintes.

Aujourd'hui il ne reste que des vestiges de murailles semblant prolonger les parois du roc, au sommet déchiqueté par ces constructions minées. On parvient au château en contournant le promontoire par le nord et en pénétrant au sud-est dans la cour de la forteresse. Cet espace était limité par une première enceinte. Pour pénétrer dans la seconde enceinte, il faut franchir une première porte suivie par un étroit couloir entrecoupé par une seconde porte avec mâchicoulis*. Cet obstacle franchi, on accède aux restes de ce qui fut l'habitat seigneurial. Des traces du donjon demeurent, à l'extrémité occidentale et au point le plus élevé. Au nord, en bordure de l'à-pic, s'ouvrent deux belles fenêtres qui, au Moyen Âge, éclairaient le premier étage du logis principal, d'où l'on voit Montségur. De nombreux éléments de la seconde enceinte ont été édifiés en début du XIVe siècle, certaines parties de la première enceinte datant de la fin du XIIIe siècle.

## L'INQUISITION (2e PARTIE)

La tentative du jeune vicomte Trencavel de reprendre Carcassonne en 1240 échoue. Le comte de Foix, son tuteur, qui l'avait aidé, dut en 1241 faire sa paix avec l'Église, et avoua avoir été élevé dans la religion cathare par sa mère la comtesse Philippa et son tuteur Pons-Adémar de Roudeille. De hauts personnages de son comté se trouvaient dénoncés. La même année, l'empereur Frédéric II avait empêché la tenue d'un concile* convoqué contre lui par Grégoire IX, qui mourut dans l'intervalle.

Le comte de Toulouse crut pouvoir réussir avec une diversion du roi d'Angleterre et du comte de la Marche ce que le vicomte n'avait pu faire. Il lui fallait donner des gages à sa noblesse, dont il avait dû faire brûler un certain nombre de membres depuis 1229. Une expédition partie de Montségur assassina les inquisiteurs et leur suite à Avignonet à l'Ascension 1242, peu avant le début de la campagne. Mais en 1243 Raimond VII, devant les victoires rapides des Français qui arrivaient par l'Agenais et la défection du comte de Foix, se hâta de traiter avec sa cousine Blanche de Castille le retour au statu quo.

L'Inquisition reprit alors avec une énergie et un savoir-faire à peine croyables. Il fallait reconstituer les registres perdus à Avignonet. Ferrer s'y employa dans les terres de la couronne, en faisant

Le château de Roquefixade

réitérer les aveux dans des actes authentiques, puis s'attaqua au diocèse de Toulouse, entendant les rescapés de Montségur après le bûcher de mars 1244. Commençant par l'Agenais, puis le Quercy, son confrère Bernard de Caux reprit le poste d'inquisiteur de Toulouse, entendit tous les habitants du Lauragais, puis passa au Pays de Foix, entre 1243 et 1247. Ses gros registres, en partie conservés, portaient sur plusieurs dizaines de milliers de personnes, mais ne retenaient guère d'inculpations que contre les nobles et les notables.

En 1248, la procédure était parfaitement rodée. Deux inquisiteurs purent en faire un exposé qui commence par : « Nous suivons en toutes choses les formes du droit, sauf que nous ne communiquons pas les noms des témoins ». C'était parfaitement exact, et le style de la procédure était en effet celui de l'arbitrage de droit commun de l'époque. La politique allait de nouveau infléchir les rapports de force. Fuyant l'Italie, le nouveau pape Innocent IV s'était installé à Lyon. Contre l'Empereur, il s'appuya sur le seul Raimond VII, qu'il fit asseoir à ses côtés au concile de Lyon qui déposa Frédéric II en 1245. Saint Louis, lui, venait de faire le vœu de croisade outremer. Le pape accorda, par son *Pénitentier*, des amnisties à nombre de notables et même de villes du Midi, comme Limoux.

De dépit, les dominicains refusèrent de continuer l'Inquisition, qui passa pendant quelques années entre les mains des évêques locaux. Leur action fut moins rigoureuse et ils mirent davantage l'accent sur les amendes et les cautions pécuniaires. Les personnages les plus compromis prirent alors pour la plupart le chemin de l'exil en Lombardie, tandis que les meilleurs capitaines suivaient la croisade. La mort de Raimond VII en 1249 mit fin à cette trêve. Les officiers d'Alphonse de Poitiers firent envoyer au mur*, pour confisquer leurs biens, des personnages qui avaient constitué l'entourage immédiat du dernier comte occitan.

Les dominicains reprirent l'Inquisition à la fin des années 50 ; il ne reste, de leur travail de cette époque, que des récapitulations d'aveux de parfaits convertis, assorties d'index de personnes dénoncées.

Mais tout devait changer à la mort, sous les murs de Tunis, de Saint Louis, et au retour d'Italie d'Alphonse de Poitiers et Jeanne de Toulouse. Philippe III, le nouveau roi, mérita son surnom de Hardi en convoquant le ban et l'arrière-ban du royaume et en fondant sur Toulouse, où on lui offrit le spectacle d'un bûcher, et de là sur le comté de Foix, pour enlever au comte toute velléité de soulèvement.

Dès lors et jusqu'à la fin du siècle, l'Inquisition s'abattit à nouveau sur le pays, avec d'autant plus de succès que nombre d'émigrés avaient cru bon de rentrer au pays. Les officiers royaux, de leur côté, revinrent sur les amnisties et les non-lieux, épluchèrent les procédures, et confisquèrent sans ménagement, au détriment même des abbayes auxquelles les suspects avaient fait des dons importants dans l'espoir de conserver leur patrimoine à leurs héritiers. On revint sur des situations dont la solution était la plus ancienne : en 1279, des lettres royales, moyennant finance, maintinrent dans leur possession les descendants des 278 notables de Toulouse, qui avaient reçu des pénitences du légat* en 1229.

La dernière décennie du siècle fut dramatique. À Albi, où l'évêque qui bénéficiait des confiscations s'associa aux procès, et à Carcassonne, l'Inquisition mit en cause les plus riches bourgeois sur des procédures irrégulières, et provoqua des troubles et des appels au roi et au pape. Le lecteur des franciscains de Carcassonne se mit à la tête du mouvement et obtint du roi l'envoi d'enquêteurs, qui allèrent jusqu'à faire ouvrir le mur de Carcassonne. Le pape devait de son côté nommer une commission de cardinaux pour le cas d'Albi, en 1306, et surtout décréter que les inquisiteurs ne pourraient plus condamner à la prison perpétuelle ou au bûcher sans le concours de l'évêque du lieu, en 1308.

Mais là encore, la politique intervint. Vainqueur en Flandres, Philippe le Bel cessa de ménager le Midi, fit pendre les consuls* de Carcassonne et les notables de Limoux. Les dominicains remplacèrent leurs confrères douteux par des théologiens de valeur, Bernard Gui à Toulouse et Geoffroy d'Abus à Carcassonne, dont les travaux coïncidèrent avec le dernier sursaut du catharisme.

Avec la capture en 1321 du dernier parfait cathare par l'évêque de Pamiers, le futur pape Benoît XII, qui n'aimait pas les dominicains, les Cathares disparurent des procédures. Il était le premier à s'être soucié des réelles convictions des accusés, et le registre qu'il a laissé est un document hors pair, qui contient entre autres une véritable monographie du village de Montaillou. Aux Cathares succédèrent les franciscains spirituels et leurs tertiaires*, les béguins*, jusqu'en 1329. On en brûla plus de 80. Il y avait encore le même nombre de prisonniers au mur de Toulouse en 1350. Mais on ne possède plus de documents postérieurs à 1329 et l'inquisiteur allait s'effacer au profit du juge royal pour ne plus être qu'un expert en théologie. Son avenir était ailleurs en Europe.

(Jean Duvernoy)

🚶 18 km   ⏳ 4 h 50   ⛰ 500 m   **12ᵉ étape**

# → Roquefixade
# → Foix

On chemine ici dans le dernier tronçon du Sentier Cathare, à travers la forêt domaniale de Pradières (Ariège) et jusqu'à Foix, chef-lieu de ce département. La dernière halte se fera dans le château de Foix, cette ancienne capitale du comté qui tint tête à Simon de Montfort et fut plus tard possession du célèbre Gaston Phébus.

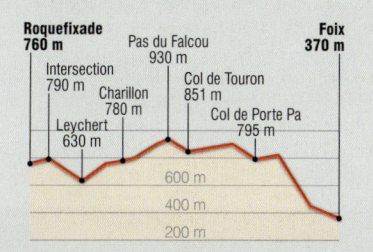

**Roquefixade** 760 m — Intersection 790 m — Leychert 630 m — Charillon 780 m — Pas du Falcou 930 m — Col de Touron 851 m — Col de Porte Pa 795 m — **Foix** 370 m

## RENSEIGNEMENTS PRATIQUES

🌐 IGN 2147 ET Foix, au 1/25 000

### ✚ FOIX (09000)

→ OT, 29 rue Delcassé, 05 61 65 12 12, www.foix-tourisme.com

→ Tous commerces et services, hôtels, gare SNCF

→ AJ Léo-Lagrange, 65 pl., 20 €/p., 60 €/4 p., pdj 5 €, 1/2 pension 34 €/p. (28 €/p. groupe 6 p. min.), repas 12 €, panier repas 10 €, 16 rue Peyrevidal, 05 61 65 09 04, www.leolagrange-foix.com

→ CH À la Mirandole, 65 pl., 58 €/1p., 67 €/2 p., pdj compris, 4 rue de la Mirandole, 06 72 39 60 87, jackie.scubra@club-internet.fr, http://chambredhotes-foix-pyrenees.com

→ H Eychenne, 16 ch., de 53 €/2 p., pdj 5 €, toute l'année, 11 rue Noël-Peyrevidal, 05 61 65 00 04, hotel.eychenne@orange.fr, www.hotel-eychenne.com

→ HR Lons, 34 ch., de 63 à 83 €/2 p., pdj 8,90 €, repas 13,60 à 35 €, fermé pour les fêtes de fin d'année, 6 pl. Georges Dutilh, 05 34 09 28 00, www.hotel-lons-foix.com

→ Camping du Lac, 135 empl., tente de 7 à 9 €/p., 35 locations (bengali, mobile-home, chalet) de 37 à 85 €, restauration en saison, 05 61 65 11 58, www.campingdulac.com

→ À 1,5 km, H Pyrène, 20 ch., de 65 à 78 €/2 p., pdj 8,50 €, du 15/03 au 15/11, rue Serge-Denis, 05 61 65 48 66, http://www.hotelpyrene.com

*Foix et son château*

**0.00  Roquefixade** (760 m). À l'angle nord-ouest de la placette du village, suivre le chemin caillouteux qui grimpe vers le rognon rocheux supportant les ruines du château. Laisser à droite un sentier d'accès au château et, à l'intersection en Y qui suit, prendre le chemin de gauche.

**0.25  1,2 km** Nouvelle **intersection** (790 m) : attention à laisser le chemin principal pour suivre un nouveau chemin en léger contrebas sur la gauche. Progresser alors en versant sud (vue sur Roquefixade derrière vous) et descendre plus

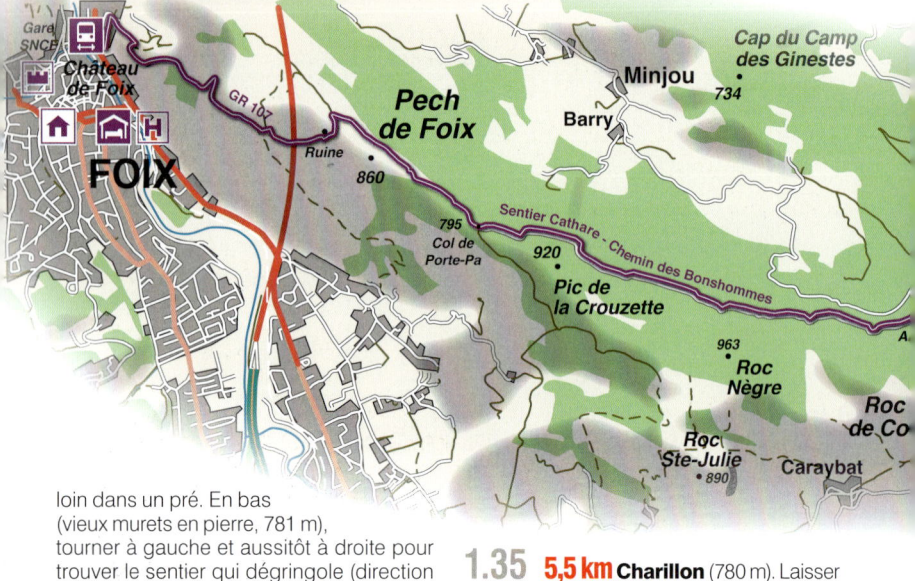

loin dans un pré. En bas
(vieux murets en pierre, 781 m),
tourner à gauche et aussitôt à droite pour
trouver le sentier qui dégringole (direction
ouest) vers…

## 0.50  3,1 km Leychert (630 m).
Traverser le hameau par la droite sur 100 m et choisir un chemin caillouteux qui monte à droite (maison Lavignace). Il décrit plusieurs raidillons successifs et rejoint un carrefour de chemins ombragé sur la crête (762 m) : continuer à gauche (plein ouest).
Parvenir à une intersection en T où l'on descend à gauche vers la maison. Le chemin remonte et décrit un grand lacet autour de…

## 1.35  5,5 km Charillon (780 m).
Laisser la propriété sur votre gauche et marcher à l'horizontale sur la piste d'accès.
700 m plus loin, ignorer un chemin venant de la droite et aussitôt après, alors que la piste s'apprête à descendre, l'abandonner et poursuivre complètement à droite sur un sentier en sous-bois. Il grimpe de façon assez raide sur les flancs nord du pic de l'Aspre. Ignorer les chemins annexes.
Après un replat herbeux, le sentier bifurque au nord-ouest et retrouve une pente plus raisonnable. Laisser bientôt à gauche le

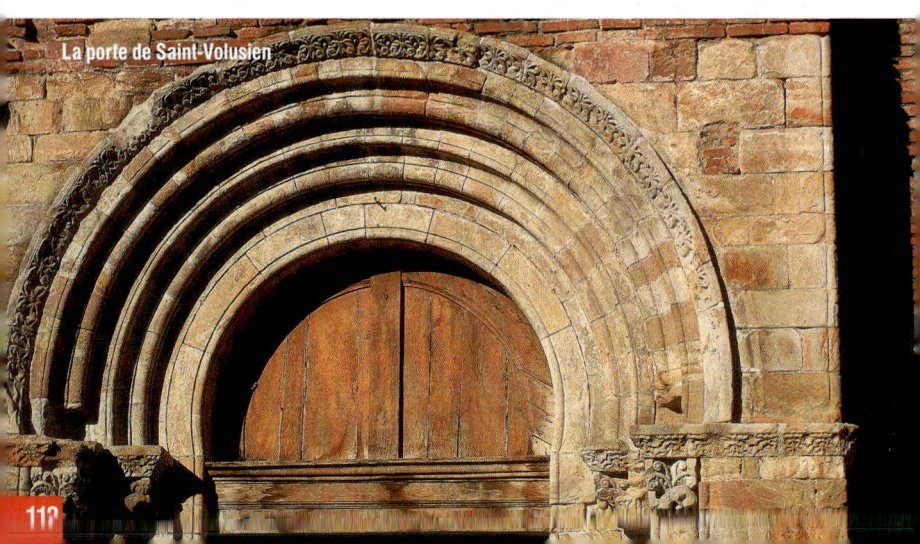

*La porte de Saint-Volusien*

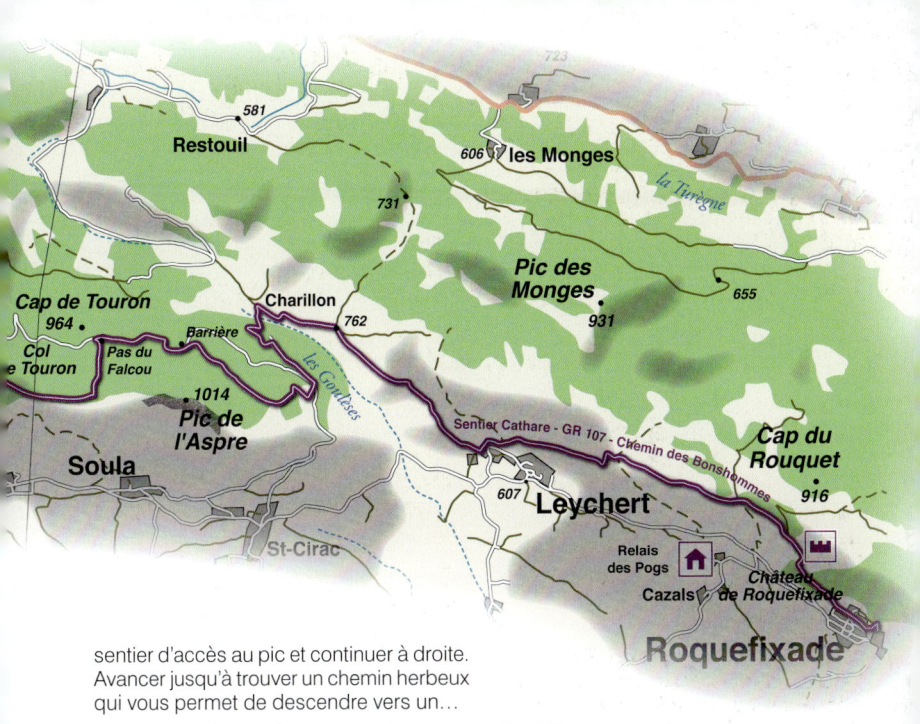

sentier d'accès au pic et continuer à droite. Avancer jusqu'à trouver un chemin herbeux qui vous permet de descendre vers un…

**2.15** **7,5 km** Carrefour avec une **piste forestière** (900 m), que l'on emprunte à gauche (barrière).

**2.25** **8,1 km** Intersection du **Pas du Falcou** (930 m). Laisser la large piste en face et prendre un chemin plus modeste sur la gauche (sud). Sous les buis, il laisse sa place à un joli sentier de terre rouge qui descend maintenant vers l'ouest et passe sous une ligne HT. Traverser ensuite un replat herbeux isolé dont l'extrémité opposée marque le…

**2.40** **9,3 km** **Col de Touron** (851 m). Passer la clôture et rejoindre à droite le virage d'une large piste forestière : descendre à gauche en passant près d'un abri.
250 m plus bas, suivre à gauche une nouvelle piste, au-delà d'une barrière. Faites-lui confiance sur près de quatre kilomètres, par un cheminement en légère montée dans le bois Royal de la forêt domaniale de Pradières. Au bout, la piste descend brusquement et atteint le…

**3.40** **13,2 km** **Col de Porte Pa** (795 m). Passer la barrière et remonter en face. Bientôt, le chemin traverse un pré en crête et la vue s'élargit sur la vallée de l'Ariège. Avancer vers le nord-ouest en contournant le pech de Foix par la droite.

**4.00** **14,5 km** Après une courte descente, **carrefour** entre le chemin principal et deux sentiers : abandonner le chemin (il ne faut donc pas franchir un nouveau portillon) et bifurquer complètement à gauche sur un sentier en bordure de clôture.
En contrebas, accéder aux ruines en L de Pech de Naut. Sous les ruines, le sentier se poursuit légèrement sur la droite. Il coupe quelques prés en terrasse, puis plonge résolument vers Foix en décrivant des lacets dans la forêt. Au bas de la descente, prendre trois fois sur le goudron à gauche pour rejoindre le…

**4.50** **18,0 km** Vieux pont de **Foix** (370 m). L'emprunter pour rejoindre le centre-ville. Château de Gaston Fébus.

113

## ✠ LE PAYS DE FOIX: PARTIE MONTAGNE, PARTIE PIÉMONT

Ce pays s'identifie au bassin montagnard de l'Ariège, il est partout entouré de montagnes. L'ensemble des vallées qui en dépendent est très compartimenté par des sommets aux alentours de 2 000 m. Ces altitudes élevées s'accompagnent d'un climat montagnard humide favorable à la forêt et aux terrains d'élevage. Les cultures, moins nombreuses, se localisent sur les versants sud et dans des fonds de vallée.

D'autres ressources ont favorisé des activités artisanales grâce à la laine des troupeaux ou au minerai de fer.

Vers l'an mil s'établit le comté de Foix qui s'étendit en aval, vers le piémont. Le rôle du château, puis de la ville de Foix, apparue au XIIe siècle, fut toujours concurrencé par Pamiers, agglomération plus peuplée bénéficiant d'un environnement économique plus favorable.

Pourtant, c'est à Foix que revient le titre de préfecture pérennisant ainsi le rôle géopolitique du site choisi par les premiers comtes. La ville, très bien située, contrôle le passage principal qui traverse la chaîne du Plantaurel. Le château, l'ancienne abbaye Saint-Volusien et la ville choisirent d'une part le piton calcaire en bordure de l'Arget, d'autre part la terrasse en contrebas à la confluence de l'Ariège et de l'Arget. Cette position au contact de la montagne et de son piémont très proche a pu facilement faire naître un marché entre deux territoires complémentaires, l'un forestier, pastoral et minier, l'autre agricole.

## ✠ LE CHÂTEAU DE FOIX: TROIS TOURS SUR UN ROCHER

Au sommet d'un énorme rocher, trois tours admirablement conservées d'une place forte renommée: le château de Foix! C'est là que vécut la dynastie des comtes, adversaires de Simon de Montfort qui voulait annexer le comté de Foix. Lorsque la croisade se déclenche, l'épouse du comte Raimon-Roger, Philippa, et sa belle-sœur, Esclarmonde, sont deux Parfaites cathares. Simon de Montfort eut maille à partir avec Raimon-Roger de Foix, redoutable chef de guerre, qui pratiquait la résis-

**Tour du château de Foix**

tance à outrance. Il fut toujours aux côtés du comte de Toulouse, Raimon VI notamment, à la bataille de Muret en 1213, au siège de Toulouse en 1218. De 1210 à 1213, à plusieurs reprises, le Pays de Foix fut ravagé par Simon de Montfort. Mais le chef de la croisade ne réussit jamais à prendre le château par la force. Après le concile de Latran, une garnison française occupa provisoirement la forteresse qu'on venait de confier à l'abbé de Saint Thibéry. Par la voie de la négociation, le comte réussit bientôt à remettre la main sur son château. Plus tard, en 1272, Foix fut le théâtre d'un événement historique important : après l'annexion du comté de Toulouse à la couronne, Roger-Bernard III, comte de Foix, refusa de reconnaître Philippe III le Hardi qui amena là ses troupes. Le comte se rendit et fut retenu à la cour ; on lui restitua ses domaines plus tard, en 1275. À partir de 1290, la famille comtale s'établit en Béarn, Foix ne constitua plus sa résidence principale.

Au XIVe siècle, époque de Gaston Phébus, la ville atteint les limites qu'elle conserva jusqu'à la Révolution. Au XVIe siècle, après le départ définitif des comtes de Foix, le château n'est plus une résidence seigneuriale et ne contient qu'une garnison.
À la fin des guerres de Religion, lorsque Louis XIII ordonna la démolition des châteaux, Foix fut la seule citadelle qui échappa à la destruction, sauvée à cause de l'intérêt qu'y portaient les notables de la ville et à son importance stratégique, sur le chemin de l'Espagne.
Après avoir été la résidence du gouvernement de la province au XVIIIe siècle, le château servit de prison jusqu'en 1811. Abandonné jusqu'en 1886, sa remise en état fut entreprise par un élève de Viollet-le-Duc (créneaux consolidés, étages rétablis, etc.). Du château primitif, il ne reste rien. Du château de Roger IV, édifié au XIIIe siècle, demeurent les deux tours carrées reliées par un corps de logis.

### ✠ UNE VISITE DU CHÂTEAU

Depuis la ville, l'ascension vers le château se fait par le nord du piton en empruntant un sentier en lacet jusqu'au sommet. On y longe d'abord la première enceinte avant de pénétrer dans le corps de logis. Ce secteur appelé aussi salle des gardes renferme une partie du musée de l'Ariège : préhistoire locale et ethnographie.
Un escalier permet ensuite d'atteindre la plate-forme au sommet de la tour carrée, qui domine au sud le corps de logis (les salles de cette tour ne sont pas accessibles). Cette construction sans doute élevée au XIIe siècle a été remaniée au XIVe siècle par le père de Gaston Phébus avec percement de fenêtres et voûtements d'étages.
L'union de Foix et du Béarn au XIVe siècle fit que la ville ne fut plus la capitale des comtes, ce qui n'empêcha pas les embellissements du château ni ses agrandissements.
La tour circulaire, ou tour de Gaston Phébus, à l'extrémité sud du piton a été édifiée au XIVe siècle, son plan interne est hexagonal. Les étages voûtés d'ogives renferment des collections d'objets d'époque gallo-romaine et médiévale. La plate-forme terminale s'élève à 34 m au-dessus du sol. La tour carrée du nord, la plus petite, n'est pas accessible aux visiteurs. Sa couverture d'ardoises remonte au XVe siècle et fit l'objet de restaurations ultérieures.
Comme toujours pour les forteresses utilisées jusqu'à l'époque moderne, on ne peut percevoir l'état primitif du château, mais le résultat de plusieurs siècles de remaniement.

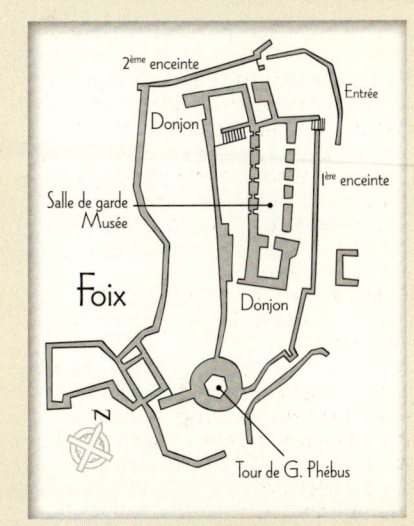

### ✠ LE PROCÈS DU COMTE DE FOIX

En présence du pape, lors du concile de Latran en 1215, l'évêque de Toulouse, Foulque, met violemment en cause le comte de Foix en dénonçant une attitude trop équivoque envers les fauteurs d'hérésie.
« Sire, reprend le comte, il me faut le redire :
je suis homme loyal, conciliant et droit.
Je ne demande rien que la pure justice.
Si j'avais quelque amour pour les mauvais croyants, aurais-je tant donné aux moines de Boulbonne ?

Le pic de Montségur ? Je n'ai sur ce château aucun droit ni pouvoir : il ne m'appartient pas.
Ma sœur ? Le mal l'a prise. Elle fut pécheresse. Elle est certes coupable. Elle, pas moi, seigneur.
Avait-elle le droit de vivre sur nos terres ?
Oui. Par serment prêté à mon père mourant, j'avais l'obligation d'accueillir frère ou sœur s'il se trouvait un jour sans toit, de lui donner nourriture et bon feu s'il était sans ressources.
A-t-on dit que j'ai massacré des pèlerins ?
Je jure, par Jésus, qu'aucun homme de bien cheminant pieusement sur les chemins de Dieu n'eut jamais à souffrir, de moi, ni de mes gens la moindre volerie, la moindre bosse au front.
Mais si l'on veut parler de ces sombres bandits, de ces traîneurs de croix qui m'ont voulu tout prendre, alors, certes, c'est vrai : ceux que j'ai rencontrés ne l'oublieront jamais ; boiteux, manchots, aveugles, ainsi sont-ils, ou morts. Et je n'ai qu'un regret : c'est d'avoir laissé fuir les couards de leur bande.
L'évêque, maintenant. Voyez-le, acharné à rabaisser ma foi ! Il en insulte Dieu ! »
(Extrait de Guillaume de Tudèle)

### LE CHEF DES CROISÉS SOUS LES MURAILLES DU CHÂTEAU DE FOIX

Au printemps 1210, Simon de Montfort vient provoquer le comte de Foix devant la porte de son château.
« De son côté, le comte de Montfort se dirigea vers Foix et y fit preuve d'une bravoure admirable. Arrivé devant le château avec un seul chevalier, il chargea tous les ennemis placés en dehors de la porte et (chose étonnante) les refoula tous à l'intérieur : il les aurait même poursuivis dans le château s'ils ne lui avaient fermé la porte au nez. Comme le comte se retirait, le chevalier qui l'avait accompagné fut assommé à coups de pierres par les défenseurs postés en haut des murs, car le passage était étroit et bordé de murailles. Après avoir dévasté les champs de vignes et les vergers aux environs de Foix, notre comte revint à Carcassonne. »
(Extrait de Pierre des Vaux de Cernay)

### LE MYTHE CATHARE

Après son élimination de l'Histoire à la fin du Moyen Âge, le catharisme fut très largement oublié. Le nom des Albigeois fut parfois utilisé pour soutenir une cause : celle des réformés par les historiographes protestants du XVIIe siècle ; celle des victimes de l'intolérance religieuse chez Voltaire. Mais le phénomène historique et culturel du catharisme occitan ne fut réellement redécouvert que dans la deuxième moitié du XIXe siècle, dans la foulée de l'enthousiasme que les travaux des romanistes avaient suscité pour la civilisation des troubadours.
Le mythe d'un Age d'Or occitan, dont le catharisme n'aurait été que le particularisme religieux, fut cependant très vite débordé et supplanté par l'édification d'une série de mythes à caractère ésotérique et ce à partir de l'Histoire des Albigeois, de Napoléon Peyrat (1872). Les documents historiques étant alors méconnus et peu accessibles – malgré les travaux de Schmidt ou de Douais –, « mages et illuminés » du début du XXe siècle s'emparèrent des Bons Hommes cathares pour en faire des mystiques orientaux ou des sages hyperboréens.
Ces mythes furent réaménagés et systématisés par l'auteur nazi Otto Rahn au moment de l'accession au pouvoir de son parti en Allemagne, avec la publication de La Croisade contre le Graal, et de La Cour de Lucifer en 1933 et 1934. Ainsi étaient lancés les grands leitmotive d'une lignée de mystification cathare sans fondement historique, qui se survit encore aujourd'hui, autour de thèmes comme le Graal pyrénéen ou le culte solaire de Montségur.
Aujourd'hui pourtant, ce qui n'était pas forcément le cas en 1870, l'on n'ignore plus les sources et documents originaux qui permettent aux historiens de donner, en toute honnêteté intellectuelle, une image précise des Cathares médiévaux…

(Anne Brenon)

Le château de Foix

# GLOSSAIRE

*Les mots dont la signification est donnée dans les définitions ci-dessous sont suivis d'un astérisque dans le corps de l'ouvrage.*

## A

**Abside:** extrémité d'une église derrière l'autel dont la partie extérieure est le chevet. Il existe plusieurs plans d'absides dont l'abside en hémicycle à partir de l'époque romane.

**Alleu:** au Moyen Âge, bien sur lequel n'existent d'autres droits que ceux de son possesseur direct.

**Appareil:** agencement des pierres d'une construction et par extension, dimension des matériaux, épaisseur des pierres utilisées dans la maçonnerie.

**Arc brisé (ou arc en ogive):** formé de deux portions de circonférence.

**Arc en plein cintre:** constitué simplement d'une moitié de cercle, avec un seul centre.

**Arcature lombarde:** motif architectural fait d'un ensemble de petites arcades réelles ou factices servant d'ornement à l'époque romane.

**Archère:** meurtrière pour tir à l'arc; fente verticale, étroite et longue.

**Architectonique:** art et technique de la construction, qui se rapporte à l'art et à la technique de l'architecte.

**Assommoir:** ouverture pratiquée dans la voûte d'un couloir d'entrée, qui permettait de pilonner l'assaillant.

## B

**Barbacane:** ouvrage de défense avancé pour protéger un point important (porte de ville, tête de pont, château fort…).

**Bégude:** taverne, de l'occitan ancien beguda.

**Béguins (voir Tiers-Ordre):** en Languedoc à partir de la fin du XIIIe siècle, membre du tiers-ordre franciscain Spirituels et l'enseignement du mystique occitan Pierre Déjean Olieu (mort en 1296). Considérés comme suspects par l'orthodoxie pour leurs visions et leurs débordements mystiques, un grand nombre de béguines furent condamnées comme hérétiques et brûlées par l'Inquisition dans la première moitié du XIVe siècle, dans la foulée des Franciscains Spirituels.

**Bossage (pierre à):** Saillie en "bosse" dépassant le nu d'un mur et encadrée de ciselures profondes ou refens.

**Bretèche:** ouvrage construit en surplomb par rapport à la courtine et destiné à défendre une porte.

## C

**Cade:** sorte de genévrier des pays méditerranéens.

**Calade (de l'occitan calada):** revêtement de galets servant à aménager une rue ou une place dans la voirie ancienne.

**Casemate:** local fortifié à l'épreuve des tirs.

**Castellum/Castrum:** ces deux termes latins se retrouvent pour la définition de tous les lieux fortifiés. Parfois castellum signifie le château, la résidence seigneuriale et le castrum correspond à l'habitat groupé autour de ce castellum. Parfois les deux termes se confondent en une même signification.

**Chapelle castrale:** chapelle située à l'intérieur d'un château et destinée à l'usage personnel du seigneur et de son entourage (à partir du XIIe siècle).

**Chicane:** passage en zigzag situé à l'entrée d'une fortification, et que l'on est obligé d'emprunter.

**Clé de voûte:** pierre en forme de coin placée à la partie centrale d'une voûte servant à maintenir en équilibre les autres pierres.

**Concile:** assemblée des évêques de

l'Église catholique convoquée pour statuer sur des questions de dogme, de morale ou de discipline.

**Consolament :** en Occitan ancien, consolation, baptême par l'Esprit consolateur, le Paraclet, c'est-à-dire par l'imposition des mains, pratiqué par l'Église cathare comme sacrement unique tenant lieu de baptême, d'ordination et d'extrême-onction.

**Consul :** nom donné dans le Midi de la France surtout à partir du XIII$^e$ siècle aux élus formant l'assemblée (le consultat) chargée de gérer les affaires de la communauté.

**Corbeau :** forte saillie de pierre, de bois ou de fer sur l'aplomb d'un parement, destinée à supporter divers objets : poutres, corniches, arcatures…

**Courtine :** mur continu de la fortification généralement compris entre les tours.

**Coussiège :** banc de pierre situé devant une fenêtre, le plus souvent perpendiculaire à elle, taillé dans l'épaisseur du mur. On dit aussi banc de veille.

**Croisée d'ogive :** partie de la voûte où se croisent deux portions de circonférence, caractéristique presque constante du style gothique.

**Croix :** voir Porter les croix.

**Cul-de-four :** voûte formée d'un quart de sphère ; c'est en réalité une demi-coupole. Les absides de la plupart des églises romanes sont voûtées en cul-de-four.

**Cul-de-lampe :** voir Culot.

**Culot (cul-de-lampe) :** ornement de sculpture donnant naissance à des volutes, des arabesques, des rinceaux, des feuilles d'acanthe… Parfois synonyme de cul-de-lampe lorsqu'il sert comme celui-ci à supporter une base de colonne, de statue, la retombée d'un arc ou les nervures d'une voûte.

# E

**Échauguette :** petite tourelle, généralement en encorbellement saillant d'un mur ou d'un angle de mur pour en surveiller les abords.

**Encorbellement :** position d'une construction en saillie sur un mur ; soutenue par des corbeaux.

# F

**Faidit :** seigneur languedocien dépossédé et ou exilé à cause de la croisade contre les Albigeois.

**Fin'amors :** en occitan ancien, Fine Amour, art d'aimer célébré et élaboré par les Troubadours, par opposition à l'amour grossier, intéressé, et limité à la chair. Fine Amour, qui ne se confond pas avec Amour courtois, exigeait engagement des cœurs avant don des corps, était cheminement d'élévation et de joie.

**Fourches (fourches patibulaires) :** gibet composé à l'origine de deux fourches plantées en terre, supportant une traverse à laquelle on suspendait les suppliciés.

**Fricassée :** ragoût mijoté à partir de viande de porc.

# G

**Géminé :** groupé deux par deux sans être en contact direct (fenêtres géminées).

**Gibelins :** en Italie, au XIII$^e$ siècle, partisans de l'Empereur, opposés aux Guelfes, partisans du pape, dans la guerre qui les opposa jusqu'à la victoire du Parti Guelfe avec Charles d'Anjou en 1268.

# H

**Hourd :** charpente en encorbellement au sommet d'une tour, d'une muraille, destinée à protéger les assiégés.

# I

**Ides :** division du mois héritée du calendrier romain et en usage au Moyen Âge.

# L

**Légat (du latin legatus : envoyé, délégué) :** ambassadeur du Saint-Siège. Représentant officiel du Pape.

**Lices :** espaces compris entre deux enceintes concentriques.

# M

**Machicoulis :** galerie de pierre en surplomb au sommet des murailles ou des tours et permettant le jet vertical de projectiles sur les assaillants.

**Magistère (du latin magister : maître) :** autorité doctrinale, morale ou intellectuelle s'imposant de façon absolue. Ainsi le magistère de l'Église romaine, du Pape.

**Meneau :** montants et traverses de pierre qui divisent une fenêtre, caractéristique de la fin du Moyen Âge et de la Renaissance.

**Meurtrière :** embrasure percée à travers les murs fortifiés permettant le tir.

**Morte-paye :** soldat assurant la garde d'une fortification, ainsi nommé parce qu'il restait sur place.

**Mur :** prison inquisitoriale, on distinguait le mur strict qui correspondait à un cachot très exigu.

# N

**Nef :** partie comprise entre le portail et le chœur d'une église dans le sens longitudinal, où se tiennent les fidèles.

**Néolithique :** période la plus récente de la préhistoire où l'homme devient agriculteur et éleveur.

## O

**Oligarchie:** régime politique où la souveraineté appartient à une classe restreinte et privilégiée.

**Oppidum:** habitat perché et fortifié d'époque protohistorique ou romaine.

**Ouverte à la gorge (tour):** tour d'enceinte sans mur vers l'extérieur de la place pour laisser l'assaillant à découvert face au tir de l'enceinte suivante.

## P

**Paléolithique:** premier stade dans l'histoire de l'humanité où apparurent les premiers outils de pierre taillée.

**Paratge (de l'occitan par: égal, pair):** en occitan ancien: parage, parité, égalité de naissance et par extension, lignée, noblesse. Valeur de la civilisation courtoise, célébrée par l'auteur anonyme de la chanson de la croisade et symbolisant la noblesse de cœur, dépassant les clivages de classes, des citoyens de Toulouse dans leur résistance à la conquête française.

**Pastorale:** (etym.: Pasteur-Berger. Référence à la parabole du Bon Pasteur du Nouveau Testament, qui retrouve et ramène au bercail la brebis égarée). Une pastorale est une pratique d'évangélisation et de reconquête spirituelle par la prédication (la pastorale des Ordres mendiants, la pastorale de l'Église cathare, etc.).

**Patarins:** (etym: la Pataria; marché aux chiffons de Milan) Les Patarins ont été au $XI^e$ siècle, dans un certain nombre de villes italiennes, les acteurs d'un mouvement de révolte populaire contre la dépravation du clergé séculier. Par extension, le mot Patarin a désigné ensuite, indistinctement, toutes sortes d'hérétiques italiens, et notamment les cathares en France.

**Pech:** voir Pog.

**Phylactère:** banderole sculptée à extrémités enroulées portant les légendes du sujet représenté.

**Pierrière:** machine de guerre qui lançait des boulets de pierre.

**Plein cintre:** voir arc en plein cintre.

**Pog:** forme ariégeoise du mot occitan désignant la colline, le sommet: puèg, pog. Cette appellation s'applique en particulier au piton qui supporte le château de Montségur.

**Porter les croix:** punition déshonorante infligée à partir de la fin du $XIII^e$ siècle aux coupables mineurs en matière d'hérésie par l'Inquisition. Il s'agissait de porter cousues sur ses vêtements, devant et derrière, des croix de tissu jaune. Les dissimuler était considéré comme un nouveau délit.

**Poterne:** petite porte dérobée pour faciliter la communication de l'assiégé avec l'extérieur, à l'insu de l'assaillant.

**Prébende (du latin praebere: fournir):** revenu fixe accordé à un ecclésiastique, particulièrement aux chanoines des cathédrales. Par extension: titre qui donne droit à cette prébende. La Réforme protestante s'élèvera contre de telles pratiques.

## Q

**Quinquagésime:** dernier dimanche avant le mercredi des cendres.

## R

**Relaps(e) (du latin relabi: retomber):** en théologie, celui ou celle qui est retombé dans son hérésie, après l'avoir abjurée. Devant l'Inquisition, le relaps encourait punition particulièrement sévère. Les registres d'Inquisition étaient ainsi établis en fichier pour dépister les relaps.

## S

**Suffragant:** dans le droit canon, se dit d'un évêque qui dépend d'un archevêque, son supérieur.

## T

**Talute:** voir Tour tallutée.

**Tertiaire:** voir Tiers Ordre.

**Tiers Ordre:** le "troisième", après les ordres masculins et féminins. Association dont les membres, vivants dans le monde sans avoir prononcé de vœux monastiques, pratiquent néanmoins une règle conformément à l'esprit d'un ordre religieux. Les béguins méridionaux furent un tiers ordre franciscain. Les béguines de Rhénanie et de Flandres un tiers ordre dominicain.

**Tour tallutée:** tour dont la base est dotée d'un ressaut qui s'élargit vers le bas à la manière d'un talus.

## V

**Valdéisme:** voir Vaudois.

**Vaudois (du nom de Vaudès de Lyon, fondateur du mouvement à la fin du XII$^e$ siècle):** le Valdéisme fut rejeté par l'Église romaine dans le schisme puis l'hérésie, pour sa contestation de plus en plus vigoureuse de la hiérarchie catholique. Les Vaudois, ou pauvres de Lyon, se répandirent au XIII$^e$ siècle dans le Midi de la France, l'Italie, puis toute l'Europe jusqu'en Pologne et Bohème. Une Église vaudoise existe encore de nos jours, au sein de l'Église Réformée.

**Voûte en berceau:** voûte semi-cylindrique, engendrée par un arc en plein cintre.

**Voûte en plein cintre:** voir Voûte en berceau.

*Le logo du Pays Cathare est constitué de l'astre – soleil ou lune – se levant (rayonnement de la religion cathare) sur le pays concerné. Le souligné symbolise le terrain, les montagnes. Le noir et blanc évoque le dualisme cathare. Les incisions marquant le dessin indiquent les événements ayant marqué ce pays.*

## LEXIQUE OCCITAN

*Mots occitans rencontrés sur les cartes ou entendus dans les villages*

L'occitan – une des langues romanes – est parlé dans les Corbières, les Pyrénées audoises et ariégeoises surtout par les personnes d'un certain âge. L'occitan parlé en montagne diffère de celui de la plaine : la proximité du pays catalan y a introduit quelques mots de cette langue sœur. Les mots donnés ci-dessous n'ont pas obligatoirement l'orthographe classique. Distinguer les mots mentionnés sur les cartes et reproduits ici en italique (graphie phonétique), des mêmes mots en orthographe normalisée figurant seuls ou entre parenthèses.

**Prononciation en graphie normalisée :**
Le O se prononce OU, le A final se dit O, le V se prononce B, le LH se prononce YEU (ill), le NH se prononce NIEU (gn), le AU se prononce AOU, le G final se dit CH.

## A

*Abenc* **(Avenc) :** puits naturel dans les calcaires
*Abeuradou* **(Abeurador) :** abreuvoir
**Agreu :** houx
**Anhel :** agneau
**Ase :** âne
**Aucel :** oiseau
**Ausina :** chêne vert

## B

**Bac :** versant nord de la montagne (côté à l'ombre)
**Barrenc :** gouffre, aven
**Bartas :** buisson
**Borda :** ferme
**Bosc :** bois
*Bouich* **(Boish) :** buis
*Bouichero* **(Boissera) :** terrain couvert de buis
*Bourdeto* **(Bordeta) :** petite métairie
*Bousolo* **(Bosola) :** borne
*Brugos* **(las) (Brugas) :** landes couvertes de bruyères

## C

*Caillaou* **(Calhau) :** caillou, roc
**Camin :** chemin
**Cargolada :** grillade d'escargots au feu de bois
**Castel :** château
**Cardon :** chardon
**Caval :** cheval
**Cocut :** coucou
*Couillado* **(Colhada) :** large col
*Coumo* **(Coma) :** combe
*Coundamino* **(Condamina) :** (Bas latin *condomina* contraction de Campus Domini) – Terre seigneuriale autrefois exploitée par le seigneur, désigne aussi les terres contiguës aux châteaux
**Corbas :** grand corbeau
*Courtals* **(Cortals) :** bergeries
*Croix* **(Crotz) :** croix

## E

**Estanh-Estanhol :** étang, petit étang

## F

**Fajas :** hêtre
**Fangas :** bourbier
**Fenolh :** fenouil
**Font :** fontaine, source
**Frau :** peur

## G

*Garouillo* **(Garolha) :** chêne kermès
**Garrabier :** églantier
**Garric :** chêne
**Gorg :** lieu d'eau profonde
*Gouoino* **(Gotina) :** fissure rocheuse servant à l'écoulement épisodique des eaux de pluie

## J

**Jassa :** bergerie, aire de repos du troupeau

## M

**Mata:** buisson, bosquet
**Molhera:** mouillère
**Montanha:** montagne
**Mongetada:** plat de haricots blancs accompagnés de viandes (recette différente selon les lieux)

## N

**Naut:** élevé

## O

**Orry (Orri):** cabane en pierres sèches

## P

**Paichero (Paissera):** barrage de cours d'eau
**Peira:** pierre
**Piaga, Pueg:** pic, colline, hauteur
*Pla* **(Plan):** petit plateau
**Port, Pas:** col
**Prada, Prat:** prairie, pré
*Picoulet* **(Picolet):** petit pic

## R

**Rajal:** cascade
**Ramada: troupeau de brebis, (bref passage de grêle, neige ou pluie)**
*Reillo* **(Relha):** soc de la charrue
**Restanca:** retenue
**Riu, Rec:** ruisseau, torrent

## S

*Saladou* **(Salador):** partie d'un pâturage où sont disposées des pierres plates sur lesquelles on distribue du sel aux moutons
*Saoutadou* **(Sautador):** cascade ou saut rocheux
**Sap, Avet:** sapin
**Sarrat, Serra, Tuc:** crête, colline
**Solana, Solada:** versant sud

## T

**Tais, Taisson:** blaireau
**Tira:** sentier, ancienne trace de tirage du bois
**Tuta, Cauna:** grotte

## V

**Vacada:** troupeau de vaches

# BIBLIOGRAPHIE

## 1) Documents cités dans cet ouvrage

### Étape 1
Tudèle (Guillaume de), *La Chanson de la Croisade Albigeoise,* Traduction nouvelle par Henri Gougaud. Paris, Berg International, 1984, p. 5.

### Étape 2
Bayrou (Lucien), Essai sur les techniques de construction des forteresses royales des Corbières, XIIIe et XIVe siècles, *Études Roussillonnaises,* VIII, Nouvelle Série, 1988, p. 171.

### Étape 3
Tudèle (Guillaume de), op. cit., p. 11. Mansi, *Sacrorum conciliaorum noua et amplissima collectio,* XXIII, Florence-Venise, 1759-1798, cc. 365-366.

### Étape 4
Manuscrit Doat, XXVI, f. 223 v, Paris, Bibliothèque Nationale.
*Registre d'Inquisition de Jacques Fournier,* 3. Traduction de Jean Duvernoy. Mouton, Paris-La Haye, 1978, p. 937-938.

### Étape 5 nord
Montagné (Paul), Le fait folklorique les superstitions populaires audoises. Les esprits familiers, Folklore, 3, n° 4, déc. 1941.
*Registre d'Inquisition… op. cit.,* p. 572.
Gui (Bernard), Manuel de l'Inquisiteur, 1, Traduction de G. Mollat. Les classiques de l'Histoire de France au Moyen Âge. Paris, 1926, p. 18-21.

### Étape 7 nord
*Registre d'Inquisition…* op. cit., 2, p. 401-403.

### Étape 8
Rapport du subdélégué du diocèse d'Alet à l'intendant, C45, A.D. Hérault.
Fabre (Daniel), Lacroix (Jacques), Una contairina populara audenca. *Obradors. Quaserns d'inventant de la creacion literaria occitana,* 4,1970, p. 51.

### Étape 9
Fruhauf (Christian), Forêt et Société. *De la forêt paysanne à la forêt capitaliste en Pays de Sault sous l'Ancien Régime (vers 1670-1791),* Toulouse, CNRS, 1980, p. 42.

### Étape 12
Tudèle (Guillaume de), La Chanson de la Croisade…, op. cit., p. 167-168.
Vaux de Cernay (Pierre des), Histoire albigeoise. Traduction Guébin et Maisonneuve. Paris, Vrin, 1951, p. 63.

## 2) Orientations bibliographiques sur le catharisme, la croisade albigeoise et l'Inquisition en Languedoc

*La Croisade albigeoise.* Actes du colloque du Centre d'Etudes Cathares, octobre 2002, Introduction de Michel Roquebert. Carcassonne 2004

*Troubadours et cathares en Occitanie médiévale.* Actes du colloque de Chancelade, août 2002, L'Hydre éditions, 2004

*L'Inquisition, rempart de la foi.* Laurent Albaret, Découvertes Gallimard, 1998

*Les Inquisiteurs. Portraits de défenseurs de la foi en Languedoc (XIIIe-XIV[e] siècles).* Sous la direction de Laurent Albaret. Privat, 2001

*Le Pays cathare. Les religions médiévales et leurs expressions méridionales.* Sous la direction de Jacques Berlioz, Le Seuil, coll. Points Histoire, 2000

*Bogomiles, Patarins et Cathares.* Sous la direction d'Edina Bozoky, Slavica Occitania, Toulouse, 2003

*Le Vrai visage du catharisme.* Anne Brenon, Loubatières, 2004

*Les cathares. Pauvres du Christ ou Apôtres de Satan?* Anne Brenon, Gallimard, coll. Découvertes, 1997

*Vie et mort d'un castrum. Cabaret, archéologie d'un village médiéval en Languedoc (XIe-XIII[e] siècles).* Marie-Elise Gardel, L'Hydre éditions, 2004

*Les Belles Hérétiques. Etre noble, femme et cathare.* Gwendoline Hancke, L'Hydre éditions, 2002

*Olivier de Termes. Le cathare et le Croisé.* Gauthier Langlois, Privat, 2001

*Le monde des troubadours. La société médiévale occitane (1100-1300).* Linda Paterson, Les Presses du Languedoc, 1999

*Les cathares en Languedoc.* Charles Peytavie/CEC. Les carnets Midi Libre, Editions Romain Pagès, 2004

*Histoire des cathares.* Michel Roquebert, Perrin, coll. Tempus, 2001

*Saint Dominique.* Michel Roquebert, Perrin, 2003

## TRANSPORTS DE PERSONNES ET PORTAGES DE BAGAGES

| | | |
|---|---|---|
| Allo Taxi (Patrick Andrieu) | 11210 Port-la-Nouvelle | + 33 4 68 41 02 97<br>+ 33 6 88 77 42 77 |
| Alpha Taxi | 11210 Port-la-Nouvelle | + 33 4 68 48 54 30<br>+ 33 6 11 16 17 00 |
| Corbières Taxi | 11210 Port-la-Nouvelle | + 33 4 68 48 83 15<br>+ 33 6 80 95 22 30 |
| Taxi Allo Jacques | 11540 Roquefort-des-Corbières | + 33 6 37 13 14 00 |
| AC Corbières Taxi | 11350 Paziols | + 33 4 68 46 83 71<br>+ 33 6 79 51 78 18 |
| Taxis Cathares | 11350 Tuchan | + 33 4 68 45 45 87 |
| Taxi Claret | 66220 Prugnanes | + 33 4 68 59 29 48<br>+ 33 6 07 27 78 54 |
| Taxi des Fenouillèdes | 66220 Saint-Paul-de-Fenouillet | + 33 4 68 59 15 15<br>+ 33 4 68 59 01 89 |
| Taxi Rey | 66220 Caudiès-de-Fenouillèdes | + 33 4 68 59 90 06 |
| Taxis Ambulances de la Haute Vallée, Echenique | 11140 Axat | + 33 4 68 20 63 64 |
| Aérobus Haute Vallée | 11500 Saint-Julia-de-Bec | + 33 4 68 20 15 54<br>+ 33 6 68 72 05 01<br>info@aerobus-hautevallee.com<br>www.aerobus-hautevallee.com |
| Allo Taxi Jacky | 11500 Quillan | + 33 4 68 20 01 92<br>+ 33 6 11 92 82 34 |
| Taxi Osmani | 11500 Quillan | + 33 4 68 20 03 13<br>+ 33 6 73 55 43 35 |
| Taxi Philippe | 11500 Quillan | + 33 4 68 20 06 50<br>+ 33 6 89 38 21 23 |
| Taxi du Quercorb | 11230 Chalabre | + 33 4 68 69 20 37<br>+ 33 6 81 78 75 87<br>jean-paul.pierron3@wanadoo.fr |
| Taxi du Pays de Sault | 11340 Belvis | + 33 4 68 20 99 67<br>+ 33 6 70 38 66 92 |
| Taxi Audabram | 09300 Lavelanet | + 33 6 61 01 34 54<br>+ 33 6 80 71 41 59 |

| | | |
|---|---|---|
| Taxi Ollivier | 09300 Lavelanet | + 33 5 61 01 13 94 |
| Taxi Pibouleau | 09300 Lavelanet | + 33 5 61 60 11 84<br>+ 33 6 85 07 01 98 |
| Taxi Roger Giraud | 09300 Lavelanet | + 33 5 61 01 06 45 |
| Taxi Geoges Escande | 09300 Montferrier | + 33 5 61 01 72 67<br>+ 33 6 07 10 29 21 |
| Transports Escande | 09300 Roquefixade | + 33 5 61 01 72 67<br>+ 33 6 07 10 29 21 |
| Taxi Delrieu Thierry | 09000 Foix | + 33 6 80 99 15 62 |
| Taxis Express | 09000 Foix | + 33 5 61 02 86 50 |

Les transports en bus de ligne peuvent être une solution de dépannage efficace pour rejoindre les villes (Narbonne, Carcassonne, Perpignan, etc.)

CITIBUS GRAND NARBONNE **Ligne 13** : Roquefort des Corbières - Sigean - Narbonne
**Ligne 14** : Port la Nouvelle - Sigean - Narbonne
Tél. : +33 4 68 90 18 18 : www.citibus.fr

PYRÉNÉES ORIENTALES **Ligne 100**
Quillan - Perpignan www.bus1euro.cd66.fr

ARIÈGE : www.ariege.fr/Se-deplacer/Transports

AUTOCARS TEISSIER **Lignes : 2 - 9 - 10 - 11**
15 route Minervoise - 11000 CARCASSONNE
+ 33 4 68 25 85 45

KEOLIS AUDE **Ligne : 8**
Avenue de Pech Loubat – ZI de la Coupe 11100 NARBONNE
+33 4 68 41 40 02

Achevé d'imprimer en Espagne en janvier 2018 par Indice S.L.,
sur papier provenant de forêts gérées de manière durable.